創新與智慧財產權管理

張耀文
賴以軒
富　銘　編著
張榕茜

U0072886

全華圖書股份有限公司

作者序

創新與智財管理 厚實智慧資本的財富和競爭力

國家與企業的核心競爭力來自於創新，
而創新的原動力來自於優秀且積極的人才，持續投入思考與實踐！

透過智慧財產權的創造激勵、管理與運用，在國家發展層次上可以提升國家形象與強化競爭力、導引優勢產業發展、衡量政策工具執行的績效；在企業經營上可以提升創新效能、確保智權品質、開拓非生產獲利來源（技術移轉或專利授權）。因此，經由鼓勵智慧資本（Intellectual Capital）的創造與累積，舉凡：專利、專業技術（Know-how）、營業秘密、品牌，甚至顧客關係經營，可以掌握關鍵科學技術，提供組織面對競爭之優勢，達成組織厚實經營與永續發展的目標。

智權管理是跨領域的知識與應用，包括：工程、法律與管理等。也就是在智權取得、維護與運用的生命週期中，需要各方知識整合。例如：研發人員需學習將科技內涵轉化為文字（專利說明書撰寫）、研發方向擬定的抉擇（產業分析）、創意發想的觸類旁通（技術資料收集、系統輔助研發），或避免侵害他人權利的自我察覺（專利檢索、迴避設計），不啻需要管理專業，也需具備法律知識。

本書編著團隊包括：專業律師、從事智權管理與創新創業管理之教師，以及實務工作者。成員曾受訓獲得創新教育種子教師資格、通過 TIPS 自評員認證、擔任學研中心執行長、產學合作與創業中心主管、專利申請與維護審查委員，對於智權管理與應用具有相當的實務經驗；另外，也曾協助單位與企業建置、稽核、輔導智權管理制度、為組織進行智權知識傳遞與內訓，長期投入創新與智權管理的教學、研究、輔導與服務工作。

有鑑於坊間智慧財產權相關書籍，主要著重法律的介紹與詮釋，或是法律與工程關聯性的說明與應用（專利說明書撰寫、侵權鑑定等），但對於組織管理與應用、實務操作較為缺乏。因此，本書希望發揮以下功能：

一、提供創新理論與實務，用以引導學習與實踐。

二、介紹智慧財產權基礎知識以供通識教育學習。

三、嘗試管理面向探討智慧財產權的理論與實務。

四、引用進階實務案例激發企業實務應用之參考。

本書「創新與智慧財產權管理」共 10 章節，涵蓋「創造力與創意思考」、「創新發明與管理」、「智慧財產權基礎概念」、「商標法」、「著作權法」、「營業秘密法」、「專利法」、「植物品種及種苗法與積體電路電路布局保護法」、「企業智財權保護與加值」、「技術商品化與事業化」等，內容著重創新成果之智慧財產權保護介紹、管理的實踐。希望透過智權法規、知識與生活實例，讓讀者充分理解創新發明的方法，奠定知識產權管理基礎、認識智權管理相關課題與對策，並強化創新發明能力之學習目標。內容初步嘗試融入進階應用與管理實務，透過章末的分組討論和書末的練習，增進讀者智權管理知能。

作者們或許資質駑鈍，但仍竭力彙整心血結晶，希望為智權管理的學習與訓練拋磚引玉，衷心期盼本書能具參考價值並成為優質的智慧財產權管理教科書。謝謝在出版過程中協助我們的許多貴人，更謝謝多位社會賢達共同列名推薦。此外，本書雖經再三校稿修正，然恐有疏漏之處，敬祈各界先進不吝指正。

張耀文、賴以軒

富　銘、張榕茜

謹識

2022 年 5 月

目錄

本教科書出版乃為厚實創意與創新發明之發展，推廣創意思考與創新應用理念，著重創新成果之智慧財產權保護介紹，內容主要分為幾大區塊，包括創造力與創意思考、創新發明與管理、智慧財產權概論、相關法規與生活實例、智財權加值管理和技術衍生創業。透過理論與生活案例，讓學生充分理解創新發明的方法，以及智慧財產權相關議題，達成強化讀者之創新發明與知識產權管理基礎能力養成為目標。

——「創新」篇——

第 1 章 創造力與創意思考

第 2 章 創新發明與管理

——「智慧財產權管理」篇——

第 3 章 智慧財產權基礎概念

第 4 章 商標法

「創新」篇

第 1 章

創造力與創意思考

「今後的世界，並不是以武力統治，而是以創意支配。」

——日本松下電器（Panasonic）創辦人

松下幸之助（まつしたこうのすけ）

　　創意的起源，不少來自於意外的發生，還有隨之不斷的思考和後續的衍生應用。挑戰創意與求新求變，除了上天所賦予的天分之外，還可透過後天培育來提升創造力和創意思考能力。本章將介紹創意與創造力、創意思考的方法與工具、設計思考、發明競賽、進階應用和管理實務，並藉由相關案例探討與課後練習來驗證學習成效。

1-1 創意與創造力

未來學大師托夫勒（Alvin Toffler）：「誰占領了創意的制高點，誰就能控制全球；主宰 21 世紀商業命脈的將是創意！」

一、「創意（Creative）」

（一）創意的定義

何謂創意？**創意是要超越界限，跳離現有框架，重新定義事物和事物之間的關係。也就是找出事物之間的相關性，或是相反特質，將既有的元素打破、拆解、增刪後，重新組合，以呈現新的風貌、功能或是意圖。**創意是無形的，其報酬也可能是無形的。若只是「提出」創意，往往變成「免費」送給他人；必須成為創意的實踐者，才能得到創意所產生的利益。

一個有創意的知識體系有助於突破傳統和舊觀念，讓生活得以充滿驚奇、問題得以解決。如**電燈泡應用成照相機閃光燈泡、耗電的冷氣機轉變成變頻冷暖氣機、飲料販賣機延伸應用成各式商品販賣機、氣旋吸塵器**（Dyson Airwrap）的發明（Dyson 學習鋸木廠用來分離木屑和空氣的氣旋原理，開發出不易阻塞的氣旋吸塵器）等，都是創意的延伸展現。

創意可以透過廣泛討論和吸收分享，轉化為創新的資本。此外，以臺灣團隊過去參加國際發明展為例，一千件得獎作品僅有三件投入商品化發展，商品化比例可謂相當的低。在創意發明的過程中，我們也必須思考如何透過創意轉化成商品或服務，增加商業思考，才能真正達到其創新應用的目的，避免過多資源投入的浪費。若您想增加個人的創新創意能力，可參考表 1-1 的網站學習資源。

表 1-1　創意創新學習的參考網站

序號	網站名稱	網址
1	腦力激盪的培訓學習資源	http://www.brainstorming.co.uk
2	臺灣技術交易市場資訊網	http://www.twtm.com.tw
3	臺灣設計研究院	https://www.tdri.org.tw
4	Mycoted 為致力於提高創造力和創新以解決全球問題的公司	http://www.mycoted.com
5	Altshuller Institute for TRIZ Studies	http://www.triz.org
6	麻省理工學院史隆管理學院	https://mitsloan.mit.edu
7	麻省理工學院媒體實驗室	https://www.media.mit.edu

資料來源：作者整理。

（二）生活創意的案例

 案 例 一

麥當勞（McDonalds）的創意

　　70 年代新增設汽車乘客外賣專用道「**得來速**」（Drive-through），乃是麥當勞參照 F1 賽車進站維修時，工作人員把流程拆解，使賽車在最短時間內完成維修，能馬上回到比賽的作業程序，由此發想得來（圖 1-1）。另外，90 年代因應全球環保議題，麥當勞也改採用可回收的環保包裝材料和飲料杯等，這些都是生活創意的展現。

圖 1-1　麥當勞的得來速。

3M 的創意

現今生活中常見的**便利貼**（Post-it），是來自化學工程師雅特·萊富（Art Fry）的黏膠發明。起源於教會做禮拜唱詩歌時，為避免標示獻唱曲目的紙片由詩歌歌本中飄落，從而在標籤紙上運用了這項技術。黏膠技術如今被廣泛應用在日常生活及各類文具上（圖1-2）。

圖1-2　被廣泛使用的便利貼。

維珍銀河創辦人布蘭森完成歷史性太空旅程，成為全球第一人

曾被英國媒體的民意測驗評為英國最聰明的英國億萬富豪理查·布蘭森（Richard Branson）（圖1-3）於2021年7月11日晚上搭乘維珍銀河（Virgin Galactic）的太空船升空，並在約40多分鐘後順利回程並降落。這趟旅行為太空旅遊的普及化，踏出了重要的一步。

理查·布蘭森：「童年時，我帶著夢想仰望星空。如今，我坐在太空船上俯視地球。我要告訴下一代的夢想家們：如果我們可以做到，放膽想像你們想做什麼。」

圖1-3　維珍銀河創辦人理查·布蘭森。

維珍銀河的太空之旅

（三）培養創意的經驗

　　我們相信資源或能源總有一天會耗盡，但創意卻可以源源不絕。想像力遠比知識重要，但想像力和靈感的生成需要不斷培養。前奧美全球董事長暨執行長楊名皓（Miles Young）曾說道：「該如何增強創意與說故事的能力？對學生而言，我認為必須創造『空間』與『空閒』給他們。」

　　在此，筆者提供讀者幾項培養創意的經驗要領：

1. 學習探索與換位思考：多觀察、多思考，生活用心體會。微軟（Microsoft）創辦人比爾・蓋茲（Bill Gates）每年都花相當多時間閱讀及思考工作與人生，適時提出修正或改變。

2. 慎選名師、益友和夥伴一同學習：和各領域專家多加切磋與腦力激盪。

3. 以遊戲和有趣的方式來過生活：透過愉快的方式生活將有助於增加思考。

4. 努力專心地做好每一件事：人不可能樣樣專精，但你用心總能找到改善機會。

5. 堅持，不輕易說放棄：遇見困難在所難免，但堅持總能看見曙光。

6. 保持飢渴，保持愚昧（Stay Hungry. Stay Foolish.）：賈伯斯（Steven Paul Jobs）也是憑藉著保持飢渴的學習心，不斷地追求成長。

7. 養成動手做的學習態度和習慣。

8. 養成不斷問問題的好奇心與用寬廣的角度看問題。

9. 如果你有靈感就隨時寫下來。

10. 將自己沉浸在他人的創意之中（如看展覽），你才可能變得有創意。

11. 學習「看圖說故事」是一項不錯的日常訓練方法。

12. 選修校園內創意思考與創新管理課程。

二、創造力（Creativity）

創造力普遍上可被概念化為一種能力，來源可以是多樣化。創造力可以表現出一個人的個人特質，如較易察覺出事情的不完美或問題所在、不會滿足於現狀而較願意嘗試等。創造力是智慧的結晶，莫札特與貝多芬創作的世界名曲、愛因斯坦的相對論或是達爾文的進化論，都是爆發創造力很鮮明的例子。

創造力是一種人類運轉思考的方式，著重於萌生創意至形成概念的整個歷程。其實我們都是具有創造力的，只是有些人懂得如何把這些「創意」表達出來，而另一些人則是不擅長罷了。

創造性思維和慣性思維最大的一個不同點在於：創造性思維沒有一個固定的套路或特定的方法標準。創造力開發是以普及創造知識、激發人們的創造精神，提高創造品質、增強創造性思維能力、運用創造技法為內容的創造能力開發活動。從許多案例研討和教學成果可知，培育和提升創造力都是有可能的。讀者不妨學習日本中川昌彥先生所著作《創造力：15 種創意潛能大開發》書中所提的技巧，來試著提升個人的創造力（如表 1-2）。

表 1-2　中川昌彥的十五種創造力開發

十五種創造力開發（中川昌彥）	
大刀闊斧	伸縮自如（窮則變，變則通）
高瞻遠矚	堅忍不拔（愛迪生）
聚焦	改變
複眼觀察（塞尚畫作）	自由奔放
敏銳（蕭邦／三島由紀夫）	獨一無二
天馬行空	捉住偶然
速戰速決	舉一反三
追根究柢	

資料來源：中川昌彥，2001，《創造力：15 種創意潛能大開發》，臺北，商智文化。

1-2 創意思考方法與工具

所謂創意思考，就是為解決問題所做的基本發想，能使創意不至於變成空想，最重要的是找到問題的核心，才能使創意發想達到真正的目的。創意思考可由不同方式去尋求創意的品質提升，舉例來說，我們可以透過結合各種要素來產生新創意，如書本和電子裝置的結合就成了電子書閱讀器（E-Reader）（圖1-4）。

圖1-4 Amazon kindle 電子書閱讀器（E-Reader）。

此外，還能透過發散和收斂方式進行思考、藉由眾人集思廣益的自由發想討論的腦力激盪（Brainstorming）等方法進行創意思考學習。創意思考的工具和方法相當多，在此我們介紹創意思考單、創意盒、腦力激盪法、奔馳法、心智圖法和特性要因法（魚骨圖法）等，提供讀者進行學習觀摩。

（一）創意思考單

當我們需要創意思考來解決問題時，如「商品的創新設計」，不妨運用手邊的空白紙張，將之轉化為創意思考單。列出可供發想的項目，如：原本樣品的形狀、局部變形、完全改變形狀、利用他的性質特性、和其他物品結合以及替它塗上顏色等（表1-3），藉以進行思考或群體討論，從中找出最具創意的商品設計。

（二）創意盒

進行創意思考時，亦可採用簡易的創意盒工具來進行思考設計（如表1-4），

假設我們要進行「家用或學生住宿洗衣籃的新設計」，可從洗衣籃的材料選用、外觀形狀、表面塗料和擺放的位置等選項進行思考，如選用竹子材料、四方形的造型、自然色塗料和規劃置放於牆上的改良設計。

表 1-3　創意思考單

1	原本的形狀	思考：
2	局部變形	思考：
3	完全改變形狀	思考：
4	利用它的性質特性	思考：
5	和其他物品結合	思考：
6	替它塗上顏色	思考：

表 1-4　創意盒使用──改良洗衣籃設計

改良洗衣籃設計				
	材料	形狀	表面塗料	放的位置
1	竹子	四方形	自然色	地板上
2	塑膠	長筒形	彩色的	天花板上
3	厚紙板	長方形	亮的	牆上
4	金屬	六角形	透明的	地下室
5	網	立方體	霓虹	門板上

參考資料：Michael Michalko，2000，《創意思考玩具庫》，pp.128，臺北，方智。

（三）腦力激盪法（Brainstorming）

腦力激盪法（Brainstorming），又稱為頭腦風暴法，是一種為激發創造力、強化思考力而設計出來的一種方法。由美國 BBDO（Batten, Bcroton, Durstine and Osborn）廣告公司創始人亞歷克斯‧奧斯本（Alex Faickney Osborn）於 1938 年首創。其進行方式可由一個人或一組人進行，參與者圍在一起，隨意將腦中和研討主題有關的見解提出來，然後再將大家的見解重新分類整理。在整個過程中，無論提出的意見多麼可笑、荒謬，其他人都不得打斷和批評，從而產生很多的新觀點和問題解決方法。

腦力激盪法中有四項基本規則，用於減輕成員中的群體抑制力，從而激發設想，並且增強眾人的總體創造力。

1. 追求數量：遵循量變產生質變的原則來處理論題，提出的設想數量越多，越有機會出現高明有效的方法。

2. 禁止批評：在腦力激盪活動中，針對新設想的批評應當暫時擱置一邊。相反，參與者要將注意力集中在提出設想、擴展設想上，把批評留到後面的批評階段裡進行。在設想階段先壓下彼此的評論，與會人員將可無拘無束地提出各種不同尋常的想法。

3. 提倡獨特的想法：要想有多而精的設想，應當提倡與眾不同。這些設想往往出自新觀點中或是被忽略的假設裡。這種新式的思考方式將會帶來更好的主意。

4. 綜合並改善設想：多個好想法常常能融合成一個更棒的設想，事實證明綜合的過程可以激發有建設性的設想。

（四）奔馳法（SCAMPER）

美國心理學家羅伯特‧艾伯爾（Robert Eberle）提出一種開展創意的思考法，稱為「奔馳法（SCAMPER）」，一共有 7 個改進或改變的思考構面：替換（Substitute）、結合（Combine）、調整（Adapt）、修改（Modify）、其他應用（Put to Other Uses）、消除（Eliminate）與重整（Rearrange），如表 1-5 所示。

利用以上的思考構面，能夠激發出當事者針對現有事物，推敲出新構想的可能，除了應用於產品改良上，也可做為作業流程的改善之用，協助工作者檢視現有工作項目與安排的各種變更可能性。

表 1-5　奔馳法（SCAMPER）定義

字首	英文	中文
S	Substitute	代替 （思考何者或何物可以替代）
C	Combine	合併、聯結、組合等 （思考何者或何物可以與其結合）
A	Adapt	調整 （思考是否能調整，如可否擴大、改變時間）
M	Modify；Magnify	修改；擴大 （思考能否修改，如改變顏色、聲音或形式）
P	Put to Other Uses	作為其他用途 （思考使用新方法或新用途）
E	Eliminate；Minify	消去；小化 （思考省略或消除之處，可以更精緻）
R	Reverse；Rearrange	相反；重新安排 （思考透過改變事物的順序、重組計劃或方案）

資料來源：作者整理。

（五）心智圖法（Mind Mapping）

心智圖法（Mind Mapping）又稱為思維導圖，是英國人東尼・伯贊（Tony Buzan）在針對人腦和人的學習功能進行了大量的研究之後，創造的一種用圖畫或樹狀圖來組織意念的方法。它能夠將各種點子、想法以及它們之間的關聯性以圖像視覺的景象來呈現，將一些核心概念、事物與另一些概念、事物形象地組織起來，輸入我們腦內形成記憶樹圖。它允許我們對複雜的概念、訊息、數據進行組織加工，以更形象、易懂的形式展現在我們面前。例如：利用心智圖規劃籌辦 2024 法國巴黎奧運（如圖 1-5）。

圖 1-5　運用心智圖於法國巴黎奧運規劃。

心智圖的製作可以依下列七大步驟（亦可在電腦上使用 Xmind 軟體進行繪製）：

1.　從空白頁面中心開始（將頁面轉成橫向）。
2.　使用圖像作為中心思考主題（幫助您聚焦和專注）。
3.　全面運用顏色（讓心智圖更有創意更加鮮活）。
4.　把主要分支連接到中心影像，接著連接各層分支。
5.　作成彎曲的線條型式（避免畫僵硬的直線）。
6.　每一線條上使用一個關鍵字詞（找出關聯性和新創意）。
7.　全面套用圖像效果（運用圖像代表文字說明）。

（六）特性要因法（魚骨圖）

　　特性要因圖是一種常見的創意思考工具，它由日本品質管理大師石川馨先生於 1953 年所發明，是一種以把握結果（特性）與原因（要因）的極方便而有效的方法，因長得像魚骨的圖像故又稱魚骨圖。

　　其特點是簡捷實用，深入直觀。它將影響問題特性的因素，依照相互關聯性整理成層次分明的圖形。問題或缺陷（即後果）標在「魚頭」外，在魚骨的魚刺上面

第1章

第2章

第3章

第4章

第5章

第6章

第7章

第8章

第9章

第10章

按出現機會多寡列出產生生產問題的可能原因，這有助於說明各個原因之間如何相互影響。一般常用在思考品質、改善工作，進而被廣泛應用在各項議題探討。

特性要因圖的製作方法大致可分為五大步驟：

1. 決定評價特性（首先畫一條主幹骨及魚頭）。

2. 列出大要因（將要解決的問題寫在魚頭之上）。

3. 在各大要因下，分別記入中、小要因。可透過召集會議，利用腦力激盪法進行檢討，盡可能多地提出問題可能的原因，過程中不反對，不打擊，將所有原因整理列出，共同討論。

4. 選出重要要因 4 ～ 6 項（將主要原因按照所分類別進行分析，然後再逐一討論，找出最可能的原因，進行標注）。

5. 記入必要的事項並整理完成。

案例

生物質產業鏈圖繪製

隨著地球能源的耗盡與循環經濟的興起，理工專家不斷嘗試能源替代方案──生質能源的開發，探討生物質產業可以從料源供應、能源轉換技術、產製營運、所需投入基礎建設和最終產品等面向及相關因素進行探討，運用魚骨圖法繪製出生物質產業供應鏈圖（如圖 1-6）。

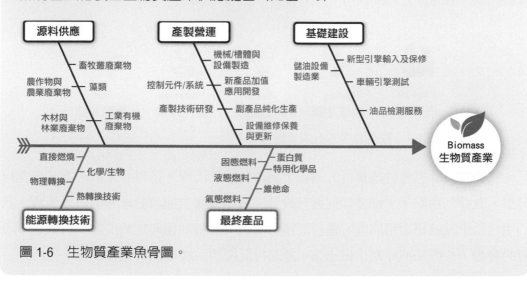

圖 1-6　生物質產業魚骨圖。

1-3 設計思考

設計思考（Design Thinking）顧名思義為「像設計師一樣地思考」，或是更精確地說「以設計師的思考邏輯與方法來解決問題」。這是一個以人為本的解決問題方法論，從人的需求出發，為各種議題尋求創新解決方案，並創造更多的可能性。

近幾年，對於創新的需求隨著商業模式的變革以及設計意識抬頭而增加，設計思考於是開始被企業及組織大量應用於解決商業與社會問題。其中，來自美國舊金山的設計顧問公司 IDEO 以設計思考的方法為核心，成功地透過企業輔導與學校教育等方式推廣其方法與精神，成為設計思考最具代表性的組織之一。IDEO 設計公司總裁提姆・布朗（Tim Brown）曾在《哈佛商業評論》中定義：「設計思考是以人為本的設計精神與方法，考慮人的需求、行為，也考量科技或商業的可行性。」

設計思考，與分析式思考（Analytical Thinking）相較之下，在「理性分析」層面是有很大不同的，設計思考較為「感性分析」，注重「了解」、「發想」、「構思」、「執行」的過程。目前多數教學都將設計思考過程濃縮成五大步驟：「同理心（Empathy）、需求定義（Define）、創意動腦（Ideate）、製作原型（Prototype）、實際測試（Test）」（圖 1-7）。

圖 1-7　設計思考的五大步驟。

我們將設計思考付諸實行的過程，稱之為設計流程，是以有系統的方式來進行發想，改善創意點子。那要如何進行設計思考？根據上面設計思考的五大步驟，我們用白話來說就是需用同理心進行問題的探究，解讀問題與定義問題，再來是不設限的發想，想辦法把好點子做出來，並進行反覆測試和改良的完整過程。

當我們在學習設計思考課程時，首先必須仔細審視問題，有清楚定義的問題，能引導我們後續的提問，協助整個過程中的聚焦，而不至於偏離主題。在這過程中學員需先分享資訊，然後建立團隊，開始描繪使用者樣貌，並制定詳細的研究計畫。

在實地訪談研究參與者前必須先擬定撰寫提問大綱，並向專家和使用者學習，記錄當下的觀察和參與者的回饋，然後團隊分享彼此蒐集到的資訊，從中找出關聯性和主題，將發現賦予意義和製作視覺化圖表。

接下來是挑選有潛力的點子和畫出想法，然後回到現實，列出可能的限制，重新激盪出新的解決方案，並將點子逐步收斂。

當我們完成前面三大步驟，再來就是將點子製作成原型與他人分享，並討論進一步改良的方法，統整回饋而來的經驗。當原型產品完成後，須持續的精進，並向他人推銷你的構想和故事，透過夥伴關係和社群的建立，不斷的學習改善，這就是一個很棒的設計思考的學習歷程。

在我們使用設計思考時，不同的階段也須結合創意思考工具，如在理解和探索問題過程中也必須換位思考，運用 5W1H 法、腦力激盪法（Brainstorming）和創意奔馳法（SCAMPER）等工具進行發想，最終經由原型開發和測試不斷反思精進。

1-4 臺灣與國際發明競賽

一、競賽發明與產品發明的設計差異

常有人會將競賽發明及產品發明混為一談，兩者之間主要有三個差異：

1. 競賽發明設計主要在於「創新功能概念」的表達。

2. 大學院校主要在「獲取得獎榮譽，為校爭光」。

3. 產品發明主要在於「實質的商業考量」。

二、國際發明展介紹與參與競賽

目前國內外發明競賽相當多，也各具特色，為方便讀者查詢與學習，在此彙整各大國際發明展資訊如表 1-6 說明。然而各校教師帶領學生（高中、國中、小學）從事「創意發明」活動時，首先，教師本身必須瞭解整個創意發明的運作流程，包括：如何引領學生「腦力激盪」，發覺日常生活中的困擾或不方便等問題、如何做現狀分析、對策思考、對策評價、如何製作樣品、如何參加創意競賽或發明展等。另外，必須搭配智慧財產（專利）的保護措施，如此才能全面兼顧發明創作與智權保護的完整性。有意參加各項國際發明展的團隊或組織則可透過如中華創新發明學會（Chinese Innovation & Invention Society）或臺灣發明協會（Taiwan Invention Association）等單位來協助團隊參與國際發明賽。

 案 例

中華大學黃金蟲草榮獲 2019 年瑞士日內瓦國際創新發明展三金獎項

當無菌室內栽培的北冬蟲夏草，遇上大學校園師生的創意，你能想的到蟲草竟然可以全面進軍創意食譜？新竹中華大學在校園內建置無菌室，將自己栽培的北冬蟲夏草，研發調配成祕製比例，委託知名食品工廠製造成一系列多樣化產品。中華大學研發的黃金蟲草系列產品，更獲得「2019 年瑞士日內瓦國際創新發明展」三金獎項殊榮（如圖 1-8）。

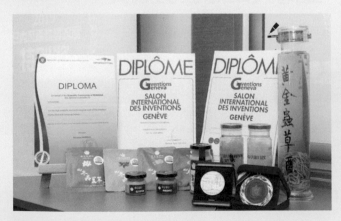

圖 1-8　黃金蟲草應用得獎商品。

表 1-6 各大國際發明展

主辦國家	競賽名稱	主辦單位	網址
臺灣	臺灣創新技術博覽會	經濟部、教育部、國防部、科技部及農委會等五大部共同主辦	http://www.inventaipei.com.tw/zh_TW/index.html
臺灣	國家發明創作獎	經濟部智慧財產局	http://www.tipo.gov.tw/ch/NodeTree.aspx？path=104
波蘭	波蘭華沙國際發明展	波蘭發明人協會	https://innopa.org/international-warsaw-invention-show-iwis/
烏克蘭	烏克蘭國際發明展	烏克蘭教育科學部 烏克蘭智慧財產局 烏克蘭工業產權局 烏克蘭科學院	相關現況請洽中華創新發明學會
德國	德國紐倫堡國際發明展	AFAG 展會公司	http://www.iena.de/
瑞士	瑞士日內瓦國際發明展	Promex 展會公司	http://www.inventions-geneva.ch
法國	法國巴黎國際發明展	法國發明暨製造協會	http://www.concours-lepine.fr/fr/
馬來西亞	馬來西亞 ITEX 國際發明展	馬來西亞發明及設計協會（MINDS）	http://www.itex.com.my
美國	美國匹茲堡國際發明展	美國匹茲堡國際發明展覽會大會	http://www.inpex.com/
英國	英國倫敦國際發明展	英國發明協會	http://zh.britishinventionshow.com
日本	日本東京創新天才發明展	由日本知名發明家中松義郎博士所創辦	http://w-g-c.org
韓國	韓國首爾國際發明展	韓國發明促進協會（KIPA）	http://www.siif.org/
克羅埃西亞	克羅埃西亞 INOVA 國際發明展	克羅埃西亞發明人協會	http://inova-croatia.com/invitation/

資料來源：作者整理。

1-5 進階應用與管理實務

一、創意思考的過程

　　創意是天才的權力？創意是隨機的運氣？創意是可遇不可求的機遇？應該都不完全是！創意可以視為模仿、修改、發展的過程，也就是創意的 CMD（Copy, Modify, Development）。所以，創意應該是知識、經驗、不斷思考累積而成的系統智慧，加上生活的觀察與體驗，以及凌空乍現、天馬行空想法的反思與回饋（人和、地利、天時的結合）。所以創意思考的產生應該是基本創意能力的培養，加上不斷反覆的練習與淬鍊，逐漸形成的內隱能力。創意思考的過程示意可參見圖 1-9 所示。

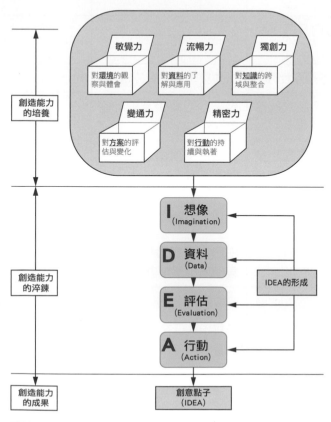

圖 1-9　創意思考的過程。

二、創意思考的能力培養

點子不點不亮！開發自己的創意，首先要：訓練自己有創造的行為（Creative Behavior, CB）。創造的行為來自於想像（Imagination）、資料（Data）、評估（Evaluation）與行動（Action）的結合（IDEA）。而創造的行為則有賴於以下五種能力的培養：

（一）敏覺力：對環境的觀察與體會

類似科技預測與前瞻中的環境監測法：任何事物若有缺失或不尋常的地方，很快可以感覺出來，可以透過兩張圖片的比較分析加以訓練，典型例子是：大家來找碴。又如出國時，可以多觀察比較與國內的差異點，思考為何如此？優缺點比較分析？如何可以更好……。

（二）流暢力：對資料的了解與應用

流暢力需要對資料進行消化吸收，轉化為知識的深耕、對經驗的累積，針對同一個問題或看法能夠提出很多觀念或點子，以便研擬多種可行的解決方案，並進一步比較、分析與評估。

（三）獨創力：對知識的跨域與整合

能想到別人所想不到的新觀念或新點子，也就是見解與其他人不同。一般人如果可以依據知識和經驗，在既有的專業知識領域靈活運用，就已經是專家了。但具備優秀創意行為能力的人，往往可以觸類旁通，進行類似或相關專業領域知識的整合，提出獨創的見解。這也是原創力的展現。

（四）變通力：對方案的評估與變化

能從多角度、多方位思考同一個問題。對於腦力激盪或系統化思考所獲得的各種可能解決方案，可以反覆推敲、從各種面向分析優劣勢（技術成熟度、維修難易度、經濟成本面、……），不斷變化各種可行方案供進一步評估。

（五）精密力：對行動的持續與執著

在新觀念、新點子上不斷地使之構想更完整、更成熟、更無懈可擊，也就是精益求精的精神。

三、創意思考的案例分享

本小節以「AI 人工智慧影像辨識安全防撞裝置」為例，說明創意思考的四步驟，並繪製流程如圖 1-10 所示。

（一）環境觀察：破題階段

這一個階段主要是敏覺力的培養：對環境的觀察與體會。

案例中：道路事故發生後要盡快設置前方事故警示，尤其高快速道路事故發生後，由於事故車輛靜止造成後方可能追撞車輛的速度差變大，因此二次事故造成的影響通常會更加嚴重。

所以道路交通事故處理辦法第 3 條第 1 項第 1 款訂定：事故地點在道路或路肩者，應在適當距離處豎立車輛故障標誌或其他明顯警告設施，事故現場排除後應即撤除。

（二）問題發想：解題階段

此一階段也是敏覺力的培養，先分析傳統人工擺置的缺點：

1. 每位駕駛者、用路人擺放的距離感不同，通常現場缺乏科學量測工具。

2. 不同道路，設置距離不同。

3. 天候不佳，設置距離應酌予增加。

4. 道路幾何線型（彎道、轉彎處）造成視距不佳，設置距離應酌予增加。

5. 事故發生後，人工向事故車後方步行若干距離擺設，容易發生危險。

6. 事故排除後，人工步行向後取回警示標誌，容易發生危險。

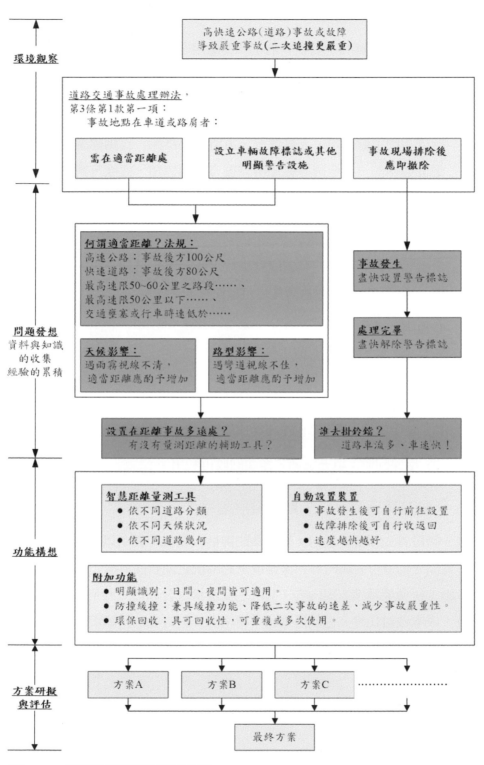

圖 1-10　創意思考流程的案例分享。

（三）功能構想：改善階段

此一階段需要流暢力：對資料的了解與應用，以及獨創力：對知識的跨域與整合，透過創意發想以解決現況缺點：

1. 智慧量測工具

能依不同道路分類、天候狀況、道路幾何條件，自動建議設置距離、自動定位與檢測，甚至透過影像辨識後方車輛種類、速度，判斷來車追撞可能性，並提出警示或聲響，提醒事故車輛周邊用路人及時閃避。

2. 自動設置裝置

自動設置警示標誌的裝置能自事故車輛分離，自行向後方前進至固定地點擺設警示裝置，事故排除後也可以自行回收。

3. 其他附加功能

如果可以具備以下功能尤佳：

(1) 明顯識別：日間與夜間皆可應用，可辨識但不造成眩光。

(2) 防撞緩撞：萬一追撞，也可以透過警示裝置緩衝撞擊力。

(3) 環保回收：填充氣體、多次回收再利用。

（四）行動方案研擬：（創新）發展階段

這一階段首先需要變通力：對方案的評估與變化。經由以上功能組合構思各方案後，可以分別進行各國的專利檢索或透過系統化創新的方法（TRIZ：萃思）等，進一步紙上研發或精進方案內容。其次，反覆檢視合理性、考量技術可行性、操作難易度、成本效益比等，也就是透過「精密力：對行動的持續與執著」，最終提出成熟的方案加以評估。

四、國際發明展的經驗分享

創意並非萬能，但缺乏創意卻是萬萬不能！人類所有生活環境的改善、科技工藝的進步、文化藝術的提升，都來自智慧累積，當然也是智慧財產權制度鼓勵創作的結果之一。但創意需要訓練、像是古代習武內功的儲備過程，而發明展則是創意訓練成果的展現與觀摩。

臺灣近年來鼓勵學生多元化發展、在意實作學習與做中學，推動問題導向式學習（Problem-Based Learning, PBL），也積極投入創新創意教育，因此各級學校逐漸重視國際發明展的參展與成效。但既然是發明展而非競賽，自然是注重觀摩、崇尚鼓勵性質，個人以自身經驗說明參展並非困難、得獎更非難事，但過程仍必須投入相當的心力、時間與物力，結果就是一種創意思考的淬鍊。當然，如果可以透過展覽過程與大眾互動、得到回饋，進而修正自己創意點子並成為具有商業價值的技術、半成品，然後將之技術移轉、商品化，那就是訓練過程完美的結局。

目前國際發明展的參展機會非常多（請參見第 1-4 節介紹），學校通常會透過校內的創新創意競賽先辦理初選，選擇優秀團隊並徵詢意願，協助申請專利並適當培訓後，輔導並投入經費支持參與各項國際發明展。實際上，許多國際發明展設定具有專利或專利申請中才可以參賽，而絕大多數參展隊伍會因為這一個條件申請新型專利，因為新型專利僅形式審查並未實質審查，因此獲證機會高、耗費時間較短，更何況僅需申請中即可，無須擔心核駁。

作者簡單節錄研究團隊參賽過程，大致可分為幾項重點：

（一）創作主題確認

萬事起頭難，主題可以是學生日常生活的觀察與體驗，一般較貼近生活實用性，但較欠缺技術含量；另一方面可能是教師研究的部分成果，此時如何將理論研究或是實驗室成果轉化為生活應用，就會是值得深思的重點。但無論如何，一個能夠吸引眼球目光的想法與應用，包括主題名稱，將是獲獎與否的關鍵。

第1章

第2章

第3章

第4章

第5章

第6章

第7章

第8章

第9章

第10章

（二）創作構想書撰寫

一般初賽需要填具作品資料，除了基本資料，主要內容有：

1. 發想緣起／發明背景

(1) 發明背景說明

請描述想要解決什麼問題？創作發想歷程，什麼刺激您想出這個創新提案？所以重點會是在這項發明可以解決何種問題？或哪一類問題？

(2) 創作歷程

有無相關參考案例（過去有過的產品、技術、發明），而這個案例中，您想提出什麼不一樣的解決內容（更輕、更薄、更……）？

所以此一部分需要：過去相關的技術與產品回顧，如果時間允許，適當進行專利檢索並加以整理是必要的，一方面可以協助釐清思考，另一方面可以提供創新的點子。

2. 作品技術摘要

這部分有兩項重點：第一，對作品解決問題的方法、發明、設計的描述；第二，作品中如果提到某些技術的應用（例如：AI 領域相關應用），請說明使用何種 AI 技術於創作中。內容可分為以下四點：

(1) 過去問題闡述

包括：問題背景說明，如過去解決的方案？方法？技術？或過去從未有過類似的東西？這一部分有點像文獻回顧，更像專利說明書撰寫時的前案探討與分析，需要對於之前的創新發明稍作批判，但隨即點明本發明創作的亮點。

(2) 主要發明內容

包括：如何解決困難？可以解決何種困難？可以處理到何種程度？這一部分重點在解決過去的難題、生活上的應用與改善。後面則有點像研究假設與範圍，應該不要誇大其詞，據實稟報即可。

(3) 牽涉技術應用與材料

　　創作需要何種技術？哪一些材料？如何組成或如何可以應用？如果是專利說明書，那就是技術領域說明的概念，也就是專利技術分類號的依據。

(4) 應用領域／最佳實施例

　　在什麼樣的假設條件下可以解決現存的問題或發揮功能？可以應用在何種場域？這部分形同專利說明書中，發明背景說明的最佳實施例，可以大書特書，讓大家了解未來應用的可能。

3. 作品實施方式／內容

通常發明競賽或發明展都需要在短時間內說服委員或評審，因此文不如表，表不如圖，先以吸引眼球目光為第一要務！所以盡量以圖片、手繪圖稿或照片，表達所提出的好點子。包括兩大部分：

(1) 如何運作

　　具體呈現發明的內容物如何使用？如何展開？如何收納？如何發揮功能……。

(2) 各階段、各部位圖示說明

　　實務上寫完創作構想書，大致上專利申請構想書應該也完成了。因此，做足參賽的準備，一方面可以進行專利申請的準備，為自己爭取另一獎狀、另一種肯定，同時也可能展開另一段實質獲利的商業旅程。別忘了，專利實質審查核准的要件須具備產業利用性、新穎性、進步性，而參展與參賽是一種形式的公開，等於參賽後必須於優惠期內申請專利（發明、新型為 12 個月，設計為 6 個月），否則可能因公開而失去新穎性、導致核駁。

第 1 章
第 2 章
第 3 章
第 4 章
第 5 章
第 6 章
第 7 章
第 8 章
第 9 章
第 10 章

（三）簡報準備

　　這一個部分除了精進簡報資料、動態或影片展示方式，還可以透過實體模型或雛形的製作，增加作品被理解的程度、被實施的可行性。以便吸引評審與觀眾的目光，更吸引可能技術移轉、商品化買家的注意。如果參展攤位隨時擠滿好奇的群眾，當然也是得獎的另一種催化劑。

　　除此以外，此一階段小組的討論、互相的推敲、反饋也是重點，確保創作的品質，並預先演練可能的問題與解答。

（四）實戰

　　展場的服裝儀容、親切的問候，尤其簡單的當地語言問候，都會是加分的所在。即使是疫情期間改採的線上參展，這一個部分還是可以出奇招，展現個人或小組的特色，以爭取可能的獲獎機會。圖 1-11 為中華大學科技管理學系師生團隊，以「Safety Guardian of Heat, Sound, Wind and Light Integration」獲得 2021 年日本東京創新天才國際發明展銀牌後的合影。

圖 1-11　研究團隊獲得日本東京創新天才國際發明展銀牌合照。左起分別為：科技管理學系吳郡妮、莊如喬、賴以軒（本書作者之一）、曾子芸。

1-6 案例與討論

明宇未來——拉線神器的創意創業實踐

新型專利：線槽佈線裝置（新型第 M621447 號）

專利權人：蔡明諺

新型創作人：蔡明諺、莊英慎、張耀文、陳威宇

在中華大學管理學院就學的蔡明諺同學和陳威宇同學（圖 1-12），因選修「創意思考與創新管理」課程及創業中心體驗課程，對於創意與創業產生高度的興趣。

蔡明諺同學說，自己曾觀察家中父親經營的弱電工程生意，在進行線槽拉線工程時，由於各式線材相當多，常會造成打結而導致施工困難，不僅拉線不易，還會造成訊號衰弱，因此希望可以透過所學發明一項好的工具來解決這個問題。於是夥同室友陳威宇同學共同組隊，並尋求中華大學企業管理系教師莊英慎教授與創新創業中心張耀文主任共同指導「明宇未來公司拉線神器」的競賽專題。

該「線槽佈線器」，以支架搭配滾輪，設計滾輪軸與防脫離軸，可以根據線槽寬度進行調整，大大節省拉線工程中不必要的人力及線材浪費，大幅降低工程所需

圖 1-12　陳威宇（左）與蔡明諺同學（右）。

明宇未來
團隊專訪

的成本，堪稱是弱電工程的救星。

在創意思考、創新應用到創業模擬實踐的過程中，團隊報名參加「教育部創業實戰學習平臺競賽（網址 https://ecsos.moe.edu.tw/platform）」，並成功獲得優選計畫 10 萬元的補助，得以協助他們進行原型產品的開發。

此外，團隊也報名參加「2021 韓國 WiC 世界創新發明競賽」並獲得金牌的殊榮（圖 1-13），目前所發明的作品也委託專利商標事務所進行多項專利申請，順利先取得「線槽佈線裝置」新型專利證書。

最初的起心動念是為了解決父親工程施工問題，意外的獲獎讓蔡明諺與陳威宇同學開心不已。未來團隊也將進行校園創業營運實作，在校園實踐讓好創意變成好生意（From Idea to Business）的夢想，讓年輕的歲月不留白。

圖 1-13　明宇未來團隊榮獲「2021 韓國 WiC 世界創新發明競賽」金牌。

延伸思考

1. 試探討為何學生團隊參加國內外發明競賽獲獎後之商品化比率如此低，可能原因有哪些？
2. 您認為校園應如何打造一個優質的創意思考與創新應用的學習環境？

參考資料

1. 中川昌彥，2001，《創造力：15 種創意潛能大開發》，臺北，商智文化。
2. Michael Michalko，2000，《創意思考玩具庫》，pp.128，臺北，方智。

腦力激盪

1. 生活中充斥著塑膠廢料（如廢棄塑膠容器），試思考塑料回收的循環再利用之用途。

2. 請發揮創意，嘗試構思設計一款可以同時在水陸行駛的酷炫摩托車。

第**2**章

創新發明與管理

「失敗在這裏可以是一個選項，如果事情還沒有失敗，表示您的創新還不夠。」

(Failure is an option here. If things are not failing, you are not innovating enough.)

——特斯拉（TESLA）創辦人伊隆·馬斯克（Elon Musk）

　　創新在生活或企業競爭環境中是再熟悉不過的名詞，任何組織或個人如果不願創新將無法突破，也無法帶來新的價值。本章將介紹創新發明原理與流程、自造者（創客）空間與教育、TRIZ 方法、人工智慧應用與倫理道德及相關案例探討，延伸進階應用與管理實務經驗分享，最終透過課後練習與討論來驗證學習成效。

第 1 章

第 2 章

第 3 章

第 4 章

第 5 章

第 6 章

第 7 章

第 8 章

第 9 章

第 10 章

2-1 創新發明原理與方法

一、何謂創新與發明

中國國家傑出貢獻科學家錢學森：「咱們不能人云亦云，這不是科學精神，科學精神最重要的就是創新。」

（一）創新（Innovation）

創新已成為各國競爭力的主要來源。「創新」是指以現有的思維模式提出有別於常規或常人思路的見解為導向，利用現有的知識和物質，在特定的環境中，本著理想化需要或為滿足社會需求，而改進或創造新的事物、方法、元素、路徑、環境，並能獲得一定有益效果的行為。其扮演創意與創業的承先啟後角色（如圖 2-1）。

知名經濟學家熊彼得（J. Schumpter）界定了創新的五種形式包括：開發新產品、引進新技術、開闢新市場、發掘新的原材料來源、實現新的組織形式和管理模式。其認為創新就是創造性地破壞。

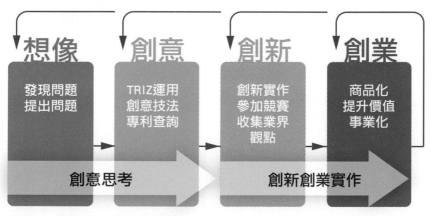

圖 2-1 從創意到創業的學習歷程。

（二）發明（Invention）

發明是一種獨特的、創新的有形或無形物，或是指其開發的過程。可以是指對機械、裝置、產品、概念、制度的創新或改進。發明是新科技的概念或是產品，它可能是一種產品、一種製程或是以前從未知曉的系統，例如：蒸汽引擎、電晶體、影印機和智慧型手機（圖 2-2）等皆是世界上重要的發明。中國人的祖先過去也有不少輝煌的創意發明，如指南針、火藥、印刷術、紙張等，這些發明也都影響後世深遠。

圖 2-2　智慧型手機是人類歷史發展上的重要發明。

案例

太空服務公司 SpaceX 的星鏈計畫

星鏈（Starlink）計畫是太空服務公司 SpaceX 執行長伊隆·馬斯克（Elon Musk）（圖 2-3）推出的一項透過低軌道衛星群，提供覆蓋全球的高速網際網路存取服務。憑藉遠超過傳統衛星網際網路的性能，以及不受地面基礎設施限制的全球網路，星鏈可以為網路服務不可靠、費用昂貴或完全沒有網路的位置提供高速網際網路服務，另外也有可能結束當今世界存在的網路封鎖。

圖 2-3　SpaceX 執行長 Elon Musk。

馬斯克線上參與 2021 年 MWC 大會

星鏈的主要目標是希望為世界上的每一個人提供高速網際網路服務。最終目標是開發出「全球衛星網際網路系統」，並能運用在如火星等環境上，在太陽系內部署通訊基礎建設。

第1章

第2章

第3章

第4章

第5章

第6章

第7章

第8章

第9章

第10章

2020 年東京奧運會獎牌以「光輝」為理念，成分為 3C 產品回收再利用

　　掛在 2020 年東京奧運會奪牌運動員脖子上的金屬獎牌是來自幾百萬日本人使用過的手機。東京奧運會的東道國在此屆奧運盡量使用循環再利用材料，以廢棄手機鑄造獎牌是該計劃的一部分。東京奧運組委會的目標是用從電子垃圾中回收的黃金、銀和銅來製造 5,000 枚獎牌（如圖 2-4）。

圖 2-4　2020 東京奧運會獎牌。

二、創新的機會來源

　　談起創新，常會有人問創新的機會來源為何？現代管理學之父彼得・杜拉克（Peter Drucker）在其《創新與創業精神》一書中提到，創新有七大來源：

1. 改變的徵兆（如：意外的成功或失敗）。

2. 矛盾（如：更明亮的燈泡可能也更耗能）。

3. 基於過程（程式）需要的創新（如：照相機底片取代笨重的玻璃）。

4. 不知不覺產生的產業或市場結構改變（如：社群軟體的崛起）。

5. 產業或企業之外的改變（如：人口結構的改變——少子化、高齡化等）。

6. 嗜好、理解及意義的改變（如：民眾重視食安和養生）。

7. 科學或非科學方面的知識（如：半導體技術問世）。

3M 公司素以勇於創新，期許以「科技‧改善生活」（Science. Applied to Life.），產品繁多著稱於世。在其百年歷史中開發出約 6 萬種高品質產品，涉及的領域包括：工業、化工、電子、電氣、通信、交通、汽車、航空、醫療、安全、建築、

圖 2-5　3M 公司總部大樓。

文教辦公、商業及家庭消費品。根據《富比士》全球創新公司評比中，3M 公司位列第 3，排在 Apple 和 Google 公司之後。

現代社會中，世界上有 50% 的人每天直接或間接地接觸到 3M 公司的產品。在各國銷售的相關核心品牌包括：Post-it（利貼）、Scotch（思高）、Nexcare、Nomad、Filtrete、Thinsulate 等。3M 公司也鼓勵全球各地方公司進行創新，臺灣 3 M公司成立半世紀以來，也屢有佳作，如痘痘貼和博視燈。據知痘痘貼是一位公司業務員的創意，有一天他在醫院裡看到了護士使用可以幫助傷口復元的「人工皮」，便想到可以將這技術運用在青春痘修護上，一切就這麼展開，直到產品上市。

三、誰來參與企業創新？

企業的創新不該只是研發團隊或員工個人參與，企業組織創新者是指由企業經營的相關參與者所組成：1. 核心創新者。2. 企業組織自己，包含股東、員工。3. 合作夥伴。4. 供貨商、通路商、顧客、其他合作夥伴。5. 其他創新參與者。6. 小區、公益團體、工會、政府機構、其他環境。

若能結合企業組織內外部相關人員和資源、資金來共同參與創新，相信創新會更加完善且容易成功。

第1章

四、創新的類型

創新的種類相當多，除常見的技術創新及產品創新外，也可以是商業經營模式上的創新、服務行銷上的創新、各項流程上的創新等。以下將針對創新上的一些類型列舉案例進行說明：

（一）服務創新

1. 麥當勞「客製化漢堡」點餐機

世界最大的速食連鎖店麥當勞（McDonald's）為全球服務業的標竿企業，近年提供全新點餐機服務，顧客可依個人需求點餐（如圖 2-6）。

2. 披薩自動販賣機

因全球新冠肺炎影響，零接觸商機愈加受到重視，操作方便的披薩自動販賣機給美國人提供享用披薩的新選擇（如圖 2-7）。

（二）經營模式創新

1. 飛利浦不賣燈泡，改賣哪道光

這種「產品作為一種服務」的概念，飛利浦（PHILIPS）也應用在照明事業上，在 2011 年推出了「不賣燈泡、賣照明時數」的創新服務「Pay per Lux」，並已

圖 2-6　麥當勞客製化點餐機。

圖 2-7　披薩自動販賣機。

披薩自動販賣
機操作方式

經應用在荷蘭史基浦機場。飛利浦和史基浦機場簽了一份十五年的「照明服務解決方案」合約，由飛利浦依照機場需求，設計了 3,700 個 LED 燈具和照明設備。

2. Blue Apron 提供生鮮電商服務

藍色圍裙公司（Blue Apron）是一家總部位於紐約市的美國食材和食譜餐包的股票公開發行公司，其服務範圍完全在美國。它以網路直接販售，捨棄中間商層層剝削，以顧客需求切入生鮮電商市場，提供包含配料的每週包裝盒，其中還包括建議的食譜和教學影片，必須由客戶使用預購的食材手工烹飪，另也提供廚房器具販售，在全球新冠疫情期間還曾讓公司股價一下子翻了七倍之多（如圖 2-8、2-9）。

圖 2-8　Blue Apron 提供生鮮電商服務。

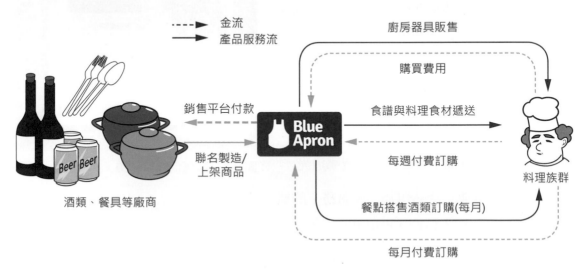

圖 2-9　Blue Apron 商業運作模式。

第 1 章
第 2 章
第 3 章
第 4 章
第 5 章
第 6 章
第 7 章
第 8 章
第 9 章
第 10 章

（三）技術創新

1. Covid-19 救星 -AZ（Oxford-AstraZeneca）疫苗

為什麼在全球新冠肺炎（Covid-19）疫苗中，AZ（Oxford-AstraZeneca）最便宜？因為 AZ 發明者吉伯特教授（Prof. Sarah Gilbert）放棄專利權。

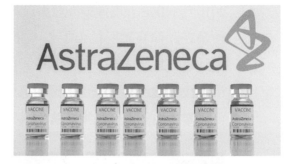

圖 2-10　Covid-19 疫苗 AstraZeneca。

英國溫布頓網球賽的中央球場，是所有網球迷的朝聖之地。不過，2021 年賽事讓全場陷入沸騰、起立致敬鼓掌的不是網球冠軍選手，而是現場一位身穿紅衣服的女士，她就是 AZ 疫苗的發明者之一，牛津大學疫苗學的吉伯特教授。在全球肺炎疫情肆虐下，AZ 疫苗的快速問世挽救了許多生命。雖然 AZ 不一定是最先進的疫苗，但佛心般一劑 2 ～ 4 美元的價格，帶有濃厚公益性質，且無須使用昂貴的冷鏈設備來保存，使它成為目前全球施打國家數和人數最多的疫苗（圖 2-10）。

2. 東京大學研發廢棄蔬果變身強韌建材

您沒聽錯，廢棄蔬果也能化身強韌建材！東京大學利用廢棄蔬果研發全新建材，能保留蔬果香氣、顏色，並承受混凝土 4 倍抗曲強度（圖 2-11）。

圖 2-11　廢棄蔬果變身強韌建材。

（四）行銷創新

1. NIKE 用社群思維，打造了全球首座 LED 互動跑場

2016 年 NIKE 在奧運期間發表最新鞋款 LunarEpic Flyknit 的大型宣傳活動，硬是在菲律賓馬尼拉市中心，生出一個名為「Unlimited Stadium」的無限運動場，為全球第一個巨大的全 LED 環形運動場。不只讓跑者在繁華的都市中找到慢跑的好去處，還創造出一個「虛擬的你」陪著你練跑，讓你不再孤零零地一個人跑步前進（圖 2-12）。

圖 2-12　Unlimited Stadium 無限運動場。

無限運動場

2. 臺北榮民總醫院的病患自動報到及提供檢驗試管服務

臺北榮民總醫院為提升醫療服務品質，以病患為中心所設計的服務流程，藉由導入智慧化科技，打造五星級資訊指引服務。配合「全自動採血試管備管系統」之建置，病人可使用健保卡、檢驗單或身分證進行抽血報到，利用智能化系統執行自動派號與採血試管準備，並依據檢驗醫囑自動給予尿液試管，減少過去排隊領取尿液試管的時間，也降低醫檢人員的工作負擔（如圖2-13）。

圖 2-13　臺北榮總的醫療自動化服務。

（五）流程創新

1. 有線電視臺 SNG 車轉播

各有線電視臺引進 SNG 車（圖 2-14），將新聞播報變成即時連線，有別於以往必須採訪後再回去剪輯，直接連線看得更新、更快，也刺激了收視率。

圖 2-14　新聞播報使用的 SNG 車。

2. 愛之味的無菌冷充填製程

愛之味為臺灣第一家導入無菌冷充填生產線的食品廠。無菌冷充填是指飲料在經過超高溫瞬間殺菌法滅菌後，急遽降至常溫，同時間吹瓶機在無菌的環境下將寶特瓶吹製而出，飲料隨即充填至空瓶中，最後用滅過菌的瓶蓋密封（圖 2-15）。無菌冷充填較能保持麥仔茶天然的原味，更能將蕃茄汁的健康營養素 Lycopene 茄紅素完整保留，營養衛生又健康。

圖 2-15　飲料充填生產線。

2-2 自造者（創客）空間與教育

近十多年來，各國的城市和學校紛紛成立所謂的自造者空間或創客空間（Makerspace），這是目前世界上創新與設計的首選場地，已逐漸成為任何一位有靈感、想法和創意的人來實踐夢想的場域。

自造者空間是一個可以提供學習、分享知識、與他人培養合作態度、解決問題、自我表達和社群交流的地方。空間營運收費方式也相當多元化，有些擴大規模也衍生了所謂的連鎖品牌，當然也有不少空間因缺乏經費或穩定的獲利來源而關閉。

目前自造者空間多半出現在公共圖書館、家中車庫、校園教室空間、坊間公民營的創客教室或基地等。以空間建立在公共圖書館內而言，可取用圖書館內的研究材料資源、網路和圖書資源、視聽學習資源，扮演教育場所角色居多。若在校園建立自造者空間，則可思考成為大型教室的一部分或獨立成一個空間體量較大和設備充足的新空間，成為一個創新創意交流的校園學習場域。在國外，車庫創業盛行，創客們也可以思考利用家中除了停車使用外的車庫，改建成一個能創造新事物的空間。在建立自造者空間時須留意空間設備的有效利用並作好安全措施。

創客教育除了營造自造者空間的環境氛圍，更重要的是有想像力豐富的教師能引領學生們想像和好奇，透過動腦和動手實作，創造出令人驚豔的創意作品。

目前勞動部勞動力發展署為培養民眾創新實踐能力，於所轄分署設立 6 處各具特色之創客基地，由北到南分別為物聯網創客基地（智慧物聯網）、衣啟飛翔創客基地（高機能服裝，成衣王國升級）（如圖 2-16）、TCN 創客基地（智慧生活）、南方創客基地（農業生態）、創客小棧（製造業聚落，職校扎根育才）、澎湖創客基地（海洋）。創客基地內提供機具設備與實作，運用專業師資與社群交流，並結合創意實作之工作坊，及創新思考、創經驗趨勢等主題講座，藉由不同活動與課程之引導，培養跨域人才，提升職業能力。

圖 2-16　新竹市「衣啓飛翔創客基地」讓更多年輕人圓夢。

而在國外較出名的創客空間簡介如下：

1. Chaos Computer Club（混沌計算機俱樂部）成立於 1984 年，是最早的、也是歐洲最大的 hackerspace。

2. Noisebridge 於 2008 年成立於美國舊金山（圖 2-17），創始人 Mitch Altman，有人稱其為「創客教父」。

3. Fab Lab 即微觀裝配實驗室（Fabrication Laboratory），是美國麻省理工學院比特與原子研究中心（Center for Bits and Atoms）發起的一個製造產品和工具的小型工廠。FabLab 近年在國際上快速的大規模發展，目前在歐美非常盛行，全球各地約有近 300 個 FabLab。

圖 2-17　Noisebridge 創客空間。

補 充 資 料

黑客松（Hackathon）

　　黑客松是一種程式設計馬拉松的活動，又稱駭客日、駭客節或程式設計節。在該活動當中，電腦程式設計師及其他與軟體發展相關的人員，如圖形設計師、介面設計師與專案經理，相聚在一起，以緊密合作的形式去進行某項軟體專案。其宗旨是合作地編寫程式和應用。（資料來源：維基百科）

2-3 TRIZ 方法

一、TRIZ 方法介紹

TRIZ 是個人或企業在從事系統化創新中受到各界推崇的操作應用工具，國內外眾多企業如南韓企業 Samsung、LG，日本企業 SONY、Hitachi，美國企業 GE、P&G，德國企業 Siemens 等公司，因導入 TRIZ 而取得研發創新上的巨大成就。

何謂 TRIZ ？ TRIZ 一詞源自於俄文的「теории решения изобретательских задач」，縮寫為「ТРИЗ」，中文翻譯為「發明家式的解決任務理論」，用英語標音可讀為「Teoriya Resheniya Izobreatatelskikh Zadatch」，縮寫為「TRIZ」。（英文說法：Theory of Inventive Problem Solving，TIPS，可理解為發明的問題解決理論，也有人縮寫為 TIPS，中文常被譯為萃思或萃智。）

TRIZ 是前蘇聯 - 亞塞拜然（Azerbaijan）發明家根里奇·阿奇舒勒（Genrich S. Altshuller）所提出的，他從 1946 年開始領導數十家研究機構、大學、企業組成了 TRIZ 的研究團體，通過對世界高水平發明專利的幾十年分析研究，基於辯證唯物主義和系統論思想，提出了有關發明問題的基本理論。其解題方式為從現實中的實體問題，找到問題模式和問題解決模式，最終找到特定解答。

目前在國際上推動 TRIZ 最具權威的組織為 MA TRIZ（The International TRIZ Association ），這是 TRIZ 之父 Genrich S. Altshuller，為推廣 TRIZ 所創立的國際 TRIZ 協會，每年會輪流在不同會員國舉辦 3 ～ 5 天的 TRIZ 知識交流年會。所推動的「MA TRIZ 證照制度」共分為 5 級，Level 1 ～ 3 為考照制度，Level 4 & 5 為申請制度。各 Level 需循序以進。其中 Level 1 ～ 3 有明確的課程及考試，以及專題實作內容。Level 4 為 TRIZ Expert（萃智專家），需要通過 Level 3 後有顯著創新貢獻，具有相當質與量的專利才能申請。Level 5 為 TRIZ Master（萃智大師），須達到 Level 4 後在創新領域有獨創新理論或工具，通過 Dissertation（博士級論文）之審核及口試後方能申請。

二、TRIZ 的 40 個發明方法

在 TRIZ 理論中最重要的是提出解決技術問題的 40 個發明方法，各種創新發明方法和案例，如表 2-1 說明。

表 2-1　TRIZ 創新發明的 40 個方法和應用

序號	方法	舉例	序號	方法	舉例
1	分割 Segmentation	垃圾車的子母車 / 拼裝地毯	10	預先作用 Preliminary Action	氣墊鞋 / 自黏膠帶信封
2	分離 Extraction	海水淨化 / 隨身碟	11	預補償 （事先作用） Cushion in Advance	氣象預報 / 備胎
3	局部品質 Local Quality	冰溫熱水機 / 安全帽	12	等勢（等位）性 Equi-potentiality	卡車卸貨平臺 / 輸送帶
4	不對稱 Asymmetry	不對稱的輪胎胎紋 / 俄羅斯方塊	13	相反（逆轉） Inversion	電扶梯 / 跑步機
5	聯合（合併） Combining	運動手環 / 單頭冷熱水龍頭	14	曲面化 Spheroidality	旋轉樓梯 / 迴力鏢
6	多功能（萬用） Universality	瑞士刀 / 多功能原子筆	15	動態型 Dynamics	捕蚊拍 / 腸胃鏡
7	套疊（巢狀） Nested	俄羅斯娃娃 / 免削 2B 鉛筆	16	未達到或超過的作用 Partial or Excessive Actions	粉刷牆壁 / 抹水泥施工
8	質量補償 （平衡力） Anti-weight	磁浮列車 / 放天燈	17	維數變化 Another Dimension	立體停車場 / 安全圖釘
9	預加反作用 Preliminary Anti-action	加強的混合柱 / 步槍的預壓彈簧	18	機械振動 Mechanical Vibration	果汁機 / 醫療用超音波共鳴器

序號	方法	舉例	序號	方法	舉例
19	周期性作用 Periodic Action	活動板手 / 踩踏腳踏車	30	柔性殼體或薄膜 Flexible Shells and Thin Films	洗衣袋 / PE 塑膠包裝
20	連續有效作用 Continuity of Useful Action	電動牙刷 / 芒果削皮機	31	多孔材料 Porous Materials	多孔海綿 / 蓮蓬頭
21	躍過（快速作用） Skipping	水刀洗車 / 銲槍	32	改變顏色 Color Changes	驗孕試片紙 / 汽車隔熱紙
22	變有害為有益 Blessing in Disguise	沼氣發電 / 再生紙	33	同質性 Homogeneity	金屬材料焊接 / 木材傢俱用接榫方式組裝
23	反饋 Feedback	感應式裝置 / 遙控器與鑰匙	34	拋棄與再生 Discarding and Recovering	各式補充包 / 自動販賣機
24	中介物 Intermediary	翻譯機 / 可重複使用標籤貼紙	35	參數變化 Parameter Changes	濃縮果汁 / 壓力鍋
25	自我服務（自助） Self-Service	條碼掃描機 / 自動提款機 ATM	36	狀態（相）變化 Phase Transition	阻水的防洪沙包 / 液態瓦斯
26	複製 Copying	正版軟體備份 / 古董複製品	37	熱膨脹 Thermal Expansion	火車鐵軌銜接 / 水銀溫度計
27	拋棄式 Cheap Short-Living Objects	輕便雨衣 / 拋棄式醫用口罩	38	強氧化劑 Boosted Interaction	超高濃度純氧 / 車用臭氧機
28	機械系統的替代 Mechanics Substitution	無線感測 / 汽柴油混合車	39	惰性介質（鈍性環境） Inter Environment	氦氣填充安全汽球 / 乾粉滅火器
29	氣動與液壓結構 Pneumatics and Hydraulics	千斤頂 / 氣墊船	40	複合材料 Composite Material	玻璃纖維 / 醫療防護衣

資料來源：作者整理。

三、TRIZ 的技術 / 物理矛盾和 39 個工程參數

在 TRIZ 重要理論中，除上述的 40 個發明方法，另一個重要的核心即是技術 / 物理矛盾矩陣和 39 個通用工程參數（如表 2-2）。

矛盾矩陣為一 39 × 39 之矩陣，其中，橫軸代表 39 個欲改善的參數，縱軸代表 39 個會惡化的參數。使用矩陣表時，從左邊選擇要改善的特性參數後向右找，與從上邊會惡化的特性參數向下找，在兩個方向交集的格子中，會找到一組具有正反兩面特性的「原理」，可以此來產生構想，再產生具體解決方案來解決問題。

矛盾分為兩種：

1. 技術矛盾（Technical Contradictions）

也叫工程矛盾，代表系統中的兩個子系統之間的衝突，其中一個子系統建立有利的功能時，會引起另一個子系統產生有害功能。例如動力對照耗油量，當動力越強時（有利），耗油量越大（有害）。

2. 物理矛盾（Physical Contradictions）

又稱為自身特性矛盾，指同一個參數在不同的需求下時，會產生自我矛盾的情況。例如書籍的厚度，當內容越詳實時書籍越厚，但製作成本也就越高，所以當需求為內容詳實又低成本時，書籍厚度就會處於既要厚又要薄的物理矛盾。

表 2-2　TRIZ 39 項工程參數（分為六大類群）

幾何 7 項	03. 移動件長度 04. 固定件長度 05. 移動件面積 06. 固定件面積 07. 移動件體積 08. 固定件體積 12. 形狀	資源 7 項	19. 移動件消耗能量 20. 固定件消耗能量靜止物體在其作用期間所消耗的能量 22. 能源浪費 23. 物質浪費 24. 資訊喪失 25. 時間浪費 26. 物料數量	害處 2 項	30. 物體所受的有害效應 31. 物體產生的有害因素

物理 8 項	01.移動件重量 02.固定件重量 09.速度 10.力量 11.張力、壓力 17.溫度 18.亮度 21.動力 / 功率	能力 9 項	13.物體穩定性 14.強度 15.移動件耐久性 16.靜止件的耐久性 27.可靠度 32.易製造性 34.易修理性 35.適合性 / 適應性 39.生產力	操控 6 項	28.量測精確度 29.製造精確度 33.使用方便性 36.裝置複雜性 37.控制複雜度 38.自動化程度

資料來源：作者整理。

2-4 人工智慧應用與倫理道德

一、何謂人工智慧

　　隨著科技進步的一日千里，我們面臨企業數位轉型的新挑戰，其中最重要的是人工智慧（Artificial Intelligence）帶來的巨大衝擊和全新應用，全球各級學校無不以培養人工智慧人才為首要目標，並強化人工智慧的跨領域結合運用。追溯人工智慧的演進，可從 1950 年 Alan Turing 的圖靈測試（探究機器可以思考的問題）開始。到 1956 年人工智慧的誕生，中間歷經發展困境。到了 1997 年 IBM 深藍電腦打敗西洋棋冠軍加里·卡斯帕洛夫（Garry Kimovich Kasparov）時短暫甦醒，再到 2016 年人工智慧 AlphaGo 打敗世界棋王李世乭（Lee Sedol）時獲得重生。在創新發明與研發應用上我們也必須重視人工智慧所帶來的衝擊。

　　何謂人工智慧？人工智慧（Artificial Intelligence，縮寫為 AI）亦稱機器智慧，指由人製造出來的機器所表現出來的智慧。通常人工智慧是指透過普通電腦程式來呈現人類智慧的技術。該詞也指出研究這樣的智慧系統是否能夠實現，以及如何實現。同時，通過醫學、神經科學、機器人學及統計學等的進步，有些預測則認為

第1章

第2章

第3章

第4章

第5章

第6章

第7章

第8章

第9章

第10章

人類的無數職業將逐漸被其取代。而人工智慧範疇裡最重的是機器學習（Machine Learning）與深度學習（Deep Learning）。

機器學習是人工智慧（AI）的分支，著重於訓練電腦從資料中學習，並根據經驗改進，而不是按照明確的程式碼運行作業。在機器學習中會訓練演算法尋找大型資料集的模式和關聯性，並根據該分析做出最佳決策和預測。機器學習應用程式會隨著使用不斷改善，存取的資料越多，準確度就越高。機器學習廣泛應用於我們的家中、購物車、娛樂媒體，以及醫療保健業等。

深度學習之所以稱為「深度」，是因為包含許多層神經網路（neural network），以及大量複雜且離散的數據。為了實現深度學習，系統會與多層神經網路互動，萃取出更高層次的結果。三者之間的關係如圖 2-18 所示。

AI+：用 AI 作為一種嶄新的技術，更能有效解決某個問題，對既有的商業模式產生巨大衝擊甚至取代，創造出新的產業或商業模式。

+AI：已經存在的產業或商業模式，加上 AI 的技術之後，更有效的解決問題，讓產品更智慧、服務更進階。

二、人工智慧的七大研究領域和產值

目前在人工智慧研究的領域主要有七大方向，包括：智能機器人、智能搜索、專家系統、模式識別、自然語言處理、語言辨識和圖像辨識（如圖 2-19）。

圖 2-18　人工智慧技術之間的關係。

圖 2-19　人工智慧研究領域的七大方向。

根據 PWC 會計事務所 2020 年的研究，估計到了 2030 年，全球 AI 市場規模將可達到 15.7 兆美元之多。

AI 公司大致可以分為 AI 技術公司和 AI 應用公司。

1. **AI 技術公司**

   提供 AI 技術的公司，主要集中在 ABC 三大項，即：Algorithm（演算法）、Big Data 大數據、Computing 運算力，圍繞半導體晶片、雲端服務。

2. **AI 應用公司**

   應用 AI 技術的公司，包括：用在製造業的機器人、提供金流服務的金融科技、醫療產業的精準醫療等。目前全球各國在 AI 上的發展仍以中國和美國最為成熟，臺灣的機會主要是在半導體產業所帶來的「算力」優勢。

三、人工智慧的熱門商業應用

人工智慧的熱門商業應用主要聚焦在語音識別（Speech Recognition）、虛擬助理（Virtual Agents）、生物信息（Biometrics）、機器處理自動化（Robotic Processes Automation）、知識工作輔助（Knowledge Worker Aid）、內容創作（Content Creation）、情緒識別（Emotion Recognition）、圖像識別（Image Recognition）和智能營銷（Marketing Automation）等。

IBM 開發 AI 模型預測帕金森氏症患者狀況

IBM 最近在學術期刊發表最新 AI 模型開發成果，對 423 名早期帕金森氏症患者和 196 名健康人士進行長達 7 年追蹤，希望建立大型帕金森氏症患者縱向資料庫，並訓練人工智慧模型，瞭解患者症狀變化和臨床實驗設計。模型可更準確推算個人和不同患者的變化及藥物效應，期望未來能協助醫生提早預測疾病嚴重程度，依情況提供療程。

案例二

英國《衛報》史無前例刊登第一個 AI 撰寫專欄

英國《衛報》（The Guardian）史無前例於 2020 年 9 月 8 日刊登一篇完全由 AI 人工智慧撰寫的評論文章，以說服讀者相信先進技術「無意消滅人類」（如圖 2-20）。

英國《衛報》

圖 2-20　英國《衛報》刊登的 AI 專欄。

案例三

「翎（Ling）」是中國廣告新寵！比最美麗的女人還完美

中國出現一位「虛擬」關鍵意見領袖（Key Opinion Leader, KOL）—「翎」（Ling）。它不會變老，還能完全配合品牌業者。另外，也會積極經營社群，與民眾建立關係，連特斯拉公司都特地來和它簽訂廣告代言合約（如圖 2-21）。

虛擬 KOL

圖 2-21　虛擬 KOL—「翎」。

第 1 章
第 2 章
第 3 章
第 4 章
第 5 章
第 6 章
第 7 章
第 8 章
第 9 章
第 10 章

四、人工智慧的科技倫理與法律

　　人工智慧科技的發展雖然帶給我們更多的智慧化服務，但也引來人工智慧倫理、隱私權保護、失業帶來勞資爭議、數據財產權、智慧財產權、公平競爭問題、經濟制裁、安全威脅、機器人權，以及法律須全面更新等衍生問題（如圖 2-22）。因此，全球大型企業如 Google 和 BMW 集團內部也陸續發展出人工智慧應用原則和道德規範（如表 2-3）。展望未來，我們必須強化自身在 AI 時代下不可取代的能力，建立人類和機器共存合作的良好模式，並建立良好的道德或法律規範，讓產業經濟得以健全發展。

圖 2-22　人工智慧時代所衍生的科技倫理與法律問題。

表 2-3　Google 在人工智慧應用上的道德規範

七項原則	1. 對社會有益。 2. 避免製造或加深不公平偏見。 3. 開發時測試以確保安全。 4. 對人類負責。 5. 隱私原則。 6. 堅守對卓越科學的追求。 7. 使用時考慮首要用途、技術的特徵及適用性、使用規模這三個因素。
四條底線	1. 對將產生或導致傷害的整體性技術，我們會確保利大於弊，並做好確保安全的相關限制。 2. 不會將 AI 用於製造武器及其他將會對人類產生傷害的產品。 3. 不會將 AI 用於收集或使用用戶資訊，以進行違反國際公認規則的監視。 4. 不會將 AI 用於違反國際法和人權的技術開發。

資料來源：作者整理。

第1章

第2章

第3章

第4章

第5章

第6章

第7章

第8章

第9章

第10章

2-5 進階應用與管理實務

　　創造發明是心力、時間與金錢等資源的投入，更是智慧累積的結果，除了是個人成就感的來源，更是國家、社會進步的原動力，因此各國無不立法保護智慧財產權以鼓勵創作發明，企業也會透過智慧財產權管理制度鼓勵員工創新發明，進而取得適當的報酬。

　　臺灣參照國際標準化組織（International Organization for Standardization, ISO）建置臺灣智慧財產管理制度（Taiwan Intellectual Property System, TIPS），以使組織導入規劃、實作、檢核、行動（Plan, Do, Check, Act, PDCA）管理循環，建立一套將智權管理與營運目標連結的系統化管理制度（臺灣智慧財產管理規範，2016）。至於一般智慧財產權的管理思考流程可如圖 2-23 所示，圖中說明主要的四種智慧財產權要件與保護方式，包括：營業秘密、專利權、商標權，以及著作權。其中前三者因為與工商業發展關係密切，因此又稱為工商財產權。

　　至於企業內部進行創新發明管理，應該依據組織智慧財產權管理政策與目標，包括：自行研發、合作研發、技術購買、……或是積極布局、授權運用、避免侵權等不同方式，擬定研發管理的制度，包括：組織與互動關係人權責界定、實施辦法、作業流程、文件管理、檢核機制、改善措施、風險管理等。

　　以專利生命週期的管理而言，組織、辦法與行動方案至少包括但不侷限於以下不同階段與項目：

一、創新與專利構想階段

1. 創新構想與專利申請鼓勵辦法擬定。

2. 專業課程內部訓練。

3. 創意工作坊、創意工作營隊之舉辦，或親創意環境之形塑。

4. 創新或系統輔助創新課程設計與執行。

5. 基本智慧財產權概論與進階課程訓練。

二、專利審查階段

1. 組織內部專利審查制度建立，包括：組織、互動關係人權責劃分、資源授予、辦法與文件擬定。

2. 申請與審查過程，內外部互動關係人保密文件簽署。

3. 委外申請與維管之遴選、授權、辦理等相關辦法擬定。

4. 專利權歸屬、權利金分配辦法與文件簽署。

三、執行與管理階段

1. 技術移轉委外推廣與權責辦法擬定。

2. 技術與專利授權、權利金收取等辦法之擬訂與執行。

3. 專利維護與放棄審查委員會之組織、執行流程，及相關標準與辦法擬定。

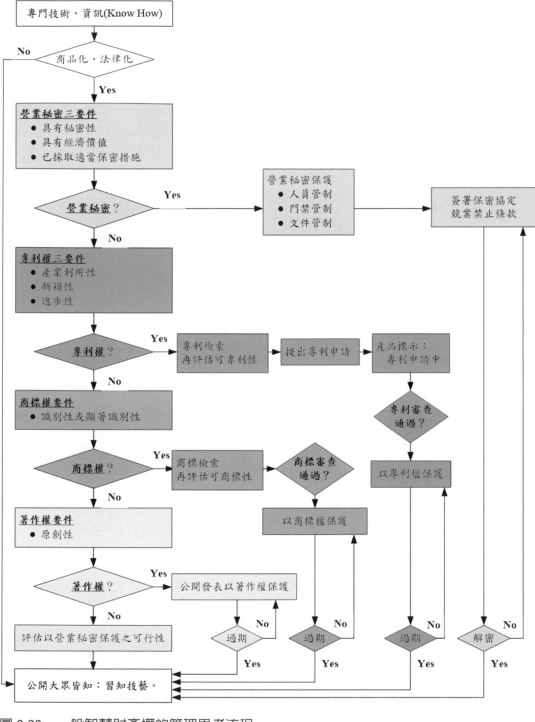

圖 2-23　一般智慧財產權的管理思考流程。

2-6 案例與討論

成大創客工廠，讓創客精神向下扎根

地址：臺南市東區大學路 1 號（國立成功大學敬業校區敬業二舍 B1）

電話：（06）209-1125、275-7575 #31307

官網：https://makerfactory.tw

LINE@ID：852zwexn

近年來，國內外掀起一股「創客」（Maker，亦稱為「自造者」）風潮，臺灣各地也設立越來越多的創客空間。國立成功大學為落實創客理念與 STEAM 教育深耕，於 2017 年 12 月推動成立「成大創客工廠」（NCKU Maker Factory），作為校內師生與臺南市民一起「瘋自造」的開放性場域，希望藉由空間與自造設備的陸續建置，能與這塊土地的所有人一起學習自造、分享創意、一起合作解決你我周邊共同的問題，並一起學習成長、一起熱愛這塊土地。

推動成大創客工廠成立的主要靈魂人物為執行長林天柱博士（圖 2-24），林執行長回憶成大在成立創客工廠之前是先透過舉辦超過五萬人次參加的大型 Maker Faire 和 Maker Festival 創客嘉年華活動，從活動舉辦過程中發現，原來成大校內師生和臺南市民都很喜歡參與這樣有趣的創意活動，特別是家長希望增加對小朋友的「創造力和動手做」能力的養成，但活動後分析，臺南市區內似乎少了提供他們「瘋自造」過程中所需的開放實驗設備和學習場域，對創客工廠的服務有其市場需求。

成大創客工廠因在成功大學校園內具有得天獨厚的地理優勢，更重要的是擁有十多個學院的優秀教學師資和設備，因此，成大創客工廠的經營目標就是鎖定往「教育」方向發展，透過初期在校內計畫資源的支持啟動下，逐漸靠著對外營運收入建構起成大創客工廠所需的多項專業製造工具設備資源，包含：木工手工具、電動工具、電子電路工具、2D、3D 數位製造工具、雷射切割機、裁縫工具、3D 彩

第1章

第2章

第3章

第4章

第5章

第6章

第7章

第8章

第9章

第10章

色噴塗等。希望藉由創客工廠的多元課程活動、成品展現與現場 DIY，讓腦力交互激盪與成品交流分享，從而培養年輕人自己動手做的能力，達到 Maker 精神向下扎根的目標。

在營運方面，林執行長提到多數國內創客空間是依靠背後有一個大型的計畫經費來支持，若計畫經費終止而又沒找到商業獲利模式的話，很容易面臨經營不善而關閉。國外的創客空間，雖然這些年蓬勃發展，但是很多在經營上面也面臨困境，加上遇上新冠肺炎（Covid-19）疫情，即使規模做到成為國際連鎖品牌，也難免會面臨結束或萎縮的命運。而成大創客工廠從一步一腳印，穩扎穩打的建立起自己的營運特色，目前基地的營運須自負盈虧，除了透過創客空間內的設備及空間的租賃收入，最重要的是舉辦多元創新、能讓 5 ～ 70 歲年齡層都可參與的創客教育課程和營隊來吸引家長和孩子一同來學習，以維持創客工廠營運所需的開銷。這兩年成大創客工廠建立起一套獨特的課程教材師資培訓與認證機制，更是讓以教育為核心的創客工廠找到自己獨特的經營訣竅。

展望未來，林執行長認為，成大創客工廠應開辦更多適合不同年齡層所需要的課程活動，逐步建立起創客學習應用的各類教材，例如：結合程式語言的軟硬體整合課程、科學和科技類的動手做教材等（圖 2-25）。藉由培養更多的課程種子師資，將好的創客課程推廣到全臺各地，並結合產學合作資源與整合自造工坊（Maker Space）和共同工作空間（Co-working）來完善在地創新空間，厚實的區域內「軟硬整合」的創新創業能量，深耕臺灣的創客教育發展，創造無限的可能。

圖 2-24　成大創客工廠執行長林天柱博士（右）與
作者張耀文老師合影。

圖 2-25 成大創客工廠透過官方網站和線上社群招募辦理許多創客教育活動。

林天柱博士
專訪

延伸思考

1. 國內外自造者或創客空間眾多,目前是否過剩?如何營造一個具有特色的創客空間?

2. 試比較目前海峽兩岸創客基地之經營方式是否有所差異?

參考資料

1. 彼得‧杜拉克(Peter Drucker),2020,《創新與創業精神》,臺北,臉譜。

第 1 章

第 2 章

第 3 章

第 4 章

第 5 章

第 6 章

第 7 章

第 8 章

第 9 章

第 10 章

腦力激盪

1. 創客團隊如何在黑客松（Hackathon）活動中取得佳績？

2. 試探討校園內創客基地由校方自主經營或委託校外民間專業團隊經營之利弊？

「智慧財產權管理」篇

第 **3** 章

智慧財產權基礎概念

「要知識工作者有生產力，要把他當『資產』，而
不是『成本』。」

——彼得・杜拉克 (Peter F. Drucker)

　　身處知識經濟時代，我們可以發現有價值的智慧創新將帶來財富
的創造。本章我們將先介紹智慧財產權的定義、智慧財產權之國際公
約、智慧財產權分類與比較、智慧財產權之特性、智慧財產權之管轄
法院等基礎概念，延伸進階應用與管理實務經驗分享，最終透過案例
與問題探討，並透過課後練習來驗證學習成效。

第 1 章
第 2 章
第 3 章
第 4 章
第 5 章
第 6 章
第 7 章
第 8 章
第 9 章
第 10 章

3-1 智慧財產權定義與特性

　　智慧資本（Intellectual Capital）是無法在傳統資產負債表中揭示其價值的資產，舉凡商譽、商標、專利、口碑、顧客關係及專業技術（Know-how）等無形資產皆包含在內，可藉由掌握關鍵知識、實務經驗、科技技術、顧客關係及專業技能而提供組織面對競爭之優勢。

　　在進行智慧財產權概念之前，透過列舉幾項創意發明創造驚人財富的案例和大家分享智慧結晶如何產生價值，如 Facebook 以 160 億美元收購 Whats App（2014 年 2 月）、Facebook 以 4,000 萬美元收購 Friendster 專利（2010 年 8 月）、雅虎奇摩以 2,200 萬美元（約 7.12 億臺幣）收購無名小站（2006 年）、

圖 3-1　Google 以 16.5 億美元天價收購 YouTube。

蘋果電腦以 1 億美元解決 iPod 專利權問題（新加坡 Creative 公司在 2000 年先申請到專利，而 iPod 在 2001 年 11 月才推出）、YouTube 曾受到來自雅虎、微軟等的收購邀約，最終被 Google 以 16.5 億美元天價收購（圖 3-1）。

　　隨著科技創新及與人類智慧創作所帶來的驚人商業利益，各國均越來越重視智慧財產的管理與權利。例如每年華特迪士尼（The Walt Disney Company）及旗下子公司漫威娛樂（Marvel Entertainment, LLC.）的賣座電影，為兩家公司帶來可觀的周邊商品及衍生版權授權收益（圖 3-2）。然而著作權帶來獲利，也可能衍生不少法律訴訟案件。由此可知，創意發明和創作確實可以帶來驚人財富，但若沒有做好智財保護，很容易將創意免費拱手送給別人。因此，我們必須對智慧財產權（Intellectual Property Right, IPR）有所理解，以保障自身權益，也避免誤觸法網。

圖 3-2　華特迪士尼（左）與漫威娛樂（右）的多部賣座電影，衍生出許多周邊商品商機。

　　何謂**智慧財產權**？中國大陸稱為「知識財產權」，**係指人類利用腦力所創造之智慧成果，此種精神活動之成果，得產生財產上之價值，藉由法律制度的保護而形成權利，是一種無形資產**。「智慧財產權」，也可說是各國法律為了保護人類精神活動成果，而創設各種權益或保護規定的統稱。因為這些權利都是法律所創設出來「無形」的權益，一般也會稱為「無形財產權」或「無體財產權」。

　　依據 1967 年成立的「世界智慧財產權組織」（World Intellectual Property Organization , WIPO）公約規定，智慧財產權包括：

1. 文學、藝術及科學之著作。

2. 演藝人員之演出、錄音物以及廣播。

3. 人類之任何發明。

4. 科學上之發現。

5. 產業上之新型及新式樣。

6. 製造標章、商業標章及服務標章，以及商業名稱與營業標記。

7. 不公平競爭之防止。

8. 其他在產業、科學、文學及藝術領域中，由精神活動所產生之權利。

　　臺灣並沒有一部法律叫「智慧財產權法」，其是由**商標法**（Trademark Act）、**專利法**（Patent Act）、**著作權法**（Copyright Act）、**營業秘密法**（Trade Secrets

Act）、**植物品種及種苗法**（The Plant Variety and Plant Seed Act）、**積體電路電路布局保護法**（Integrated Circuit Layout Protection Act）與**公平交易法**（Fair Trade Act）等相關法律所組成，分別就不同的智慧財產權屬性加以保護（如圖 3-3）。

而目前主管臺灣智慧財產權官方事務的單位為經濟部智慧財產局。目前局內設置有 7 個組（專利一組、專利二組、專利三組、商標權組、著作權組、資料服務組、國際事務及綜合企劃組）、6 個室（秘書室、法務室、資訊室、人事室、主計室、政風室）、1 個小組（經濟部光碟聯合查核小組），並在新竹、臺中、臺南、高雄等 4 個地區設置服務處（圖 3-4）。

圖 3-3　智慧財產權之組成。

經濟部智慧財產局業務職掌：

- 專利權、商標專用權、著作權、積體電路電路布局、營業秘密及其他智慧財產權政策、法規、制度之研究、擬訂及執行事項。

- 專利案件之審查、再審查、舉發、撤銷、消滅及專利權之管理事項。

- 商標申請註冊、異議、評定、廢止案件之審查及商標權之管理事項。

- 製版權登記、撤銷、使用報酬率之訂定、強制授權之許可、著作權仲介團體之設立許可、輔導與監督、出口視聽著作及代工雷射唱片著作權文件之核驗事項。

- 積體電路電路布局之登記及管理事項。

- 智慧財產權觀念之宣導、侵害智慧財產權案件之調解、鑑定及協助取締事項。

- 智慧財產權與相關資料之蒐集、公報發行、公共閱覽、諮詢服務、資訊推廣、國際合作、資訊交流及聯繫事項。

- 其他與智慧財產權有關之事項。

擁有較多的無形資產的企業，相對來說，公司的商業價值也會比較高。每一項

法律所設定的保護目的與要件也不同，企業經營者或相關人員對智慧財產需要有一定程度的了解，也可以透過契約方式來達到超出法律的保護範圍的目的。在智慧財產權運用上，企業可以自行使用在製造產品銷售、提供技術服務，或談判之籌碼也可以；另一方面，也可採行授權與轉讓方式進行合作。相關最新智財法律條文可查閱中華民國全國法規資料庫及其他國際相關網路資源（如表 3-1）。

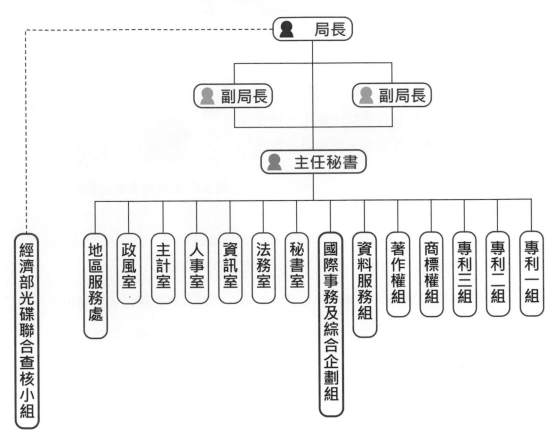

圖 3-4　經濟部智慧財產局組織架構。

表 3-1　臺灣及國際智慧財產權相關網路資源

所在地	智慧財產權相關網路資源	網址
臺灣	全國法規資料庫	http://law.moj.gov.tw
臺灣	經濟部智慧財產局	https://www.tipo.gov.tw/tw/mp-1.html
臺灣	智慧財產與商業法院	https://ipc.judicial.gov.tw/tw/mp-091.html
臺灣	臺灣智慧財產管理制度	https://www.tips.org.tw/default.asp
臺灣	臺灣技術交易資訊網	https://www.twtm.com.tw
臺灣	財團法人亞太智慧財產權發展基金會（Asia Pacific Intellectual Property Association）	https://www.apipa.org.tw/index
美國	The United States Patent and Trademark Office（USPTO）	https://www.uspto.gov
美國	Google Patent	https://patents.google.com
日本	經濟產業省特許廳	https://www.jpo.go.jp/indexj.htm
德國	European Patent Office（EPO）	https://www.epo.org
瑞士	世界智慧財產權組織（WIPO）	https://www.wipo.int/portal/en/index.html
中國	國家知識產權局	https://www.cnipa.gov.cn

資料來源：作者整理。

3-2 智慧財產權之國際公約

　　在全球化時代，因科技日新月異，不斷的推陳出新，所衍生之智慧財產權保護，成為各國在推動經濟發展與貿易自由化過程中，倍受重視之課題，更被視為國家競爭力之重要指標。我國於 2002 年 1 月 1 日加入世界貿易組織（World Trade Organization, WTO），成為該組織第 144 個會員國，遵循世界智慧財產權組織公約（Convention Establishing the World Intellectual Property Organization , WIPO）規定，並受世界貿易組織協定附件「與貿易有關之智慧財產權協定」（Agreement on Trade-Related Aspects of Intellectual Property Rights, TRIPS）之拘束。臺灣經過幾次重大修正及立法，大致上已符合 TRIPS 對於 WTO 會員國所要求之智慧財產權保障的條約義務，對智慧財產權的保護相當完整（如表 3-2）。

表 3-2　智慧財產權類型對應 TRIPS 協定之條文

智慧財產權類型	TRIPs 協定之條文
著作權（copyright）	第 9 條至第 14 條
商標（trademark）	第 15 條至第 21 條
產地標示（geographical indication）	第 22 條至第 24 條
工業設計（industrial design）	第 25 條至第 26 條
專利（patent）	第 27 條至第 34 條
積體電路之電路布局（layout-designs of integrated circuit）	第 35 條至第 38 條
營業秘密（protection of undisclosed information）	第 39 條
反托拉斯行為或稱公平交易（antitrust, control of anti-competitive）	第 40 條

資料來源：作者整理。

3-3 智慧財產權分類與比較

　　我國目前保護智慧財產權的法律包括：專利法（發明、新型、設計專利）、商標法（商標、證明標章、團體標章、產地標示等）、著作權法（著作人格權、著作財產權）、營業秘密法、積體電路電路布局保護法、植物品種及種苗法、公平交易法（不公平競爭的部分）。

　　以下列舉一般校園中常見的智慧財產權，例如：學校教授在化學實驗的過程中，發現一種全新的高分子（Macromolecule）材料，除了有學術上的成就之外，也可以就這個「發明」，向各國政府申請「發明專利權」，若有部分技術沒有申請專利，但有採取適當的保密措施及利用上的經濟價值，也有可能屬於營業秘密法保護的「營業秘密」；老師上課的授課講義內容、學生的各項報告或作品則是屬於「著作」，於創作完成時起就受著作權法保護；個人電腦主機設備貼有顯示「ASUS」、在執行操作系統軟體所顯示的「Microsoft Windows」等字樣，則是受到商標法保護的「商標權」；若是農學院的系所培育出新的水果或糧食的品種，則可對其命名並申請品種權，還可能取得種苗權，可以出售種苗來獲利。在此我們將幾項重要智慧財產權法律進行整理比較如表 3-3 說明，各項智財法律將於後續章節陸續介紹。

表 3-3　臺灣智慧財產權相關法律比較

項目	專利法	商標法	著作權法	營業秘密法	積體電路電路布局保護法
保護目的	為鼓勵、保護、利用發明與創作，以促進產業發展	為保障商標權及消費者利益，維護市場公平競爭，促進工商企業正常發展	為保障著作人權益，調和社會公共利益，促進國家文化發展	為保障營業秘密，維護產業倫理與競爭秩序，調和社會公共利益	為保障積體電路電路布局，並調和社會公共利益，促進國家科技及經濟之健全發展

項目	專利法	商標法	著作權法	營業秘密法	積體電路電路布局保護法
保護客體	物品發明、發明方法、新型、設計	以文字、圖形、記號、顏色、聲音、立體形狀或其聯合式所組成	科學、文學、藝術或其他學術之創作。分為著作財產權與著作人格權	具有競爭優勢之各種資訊、方法	積體電路上之電子元件及接續此元件之導線的平面或立體設計
保護要件	產業上利用性、新穎性及進步性，採註冊保護主義	具有辨識性或第二意義之標誌，採註冊保護主義	具有原創性之著作，保護著作之表達，採創作保護主義	秘密性、經濟價值及合理保密措施	原創性與非明顯易知，採註冊保護主義
保護期間	自申請日起算，發明專利20年；新型專利10年；設計專利15年	自註冊日起算10年，可不斷延展使用年限	自然人之著作終生加50年，法人、攝影、視聽、錄音及表演等著作，為公開發表後50年	自發明或創作日起算至喪失秘密性為止	電路布局權限期間為10年，自電路布局登記之申請日或首次商業利用之日起算

資料來源：作者整理。

3-4 智慧財產權之管轄法院

一、智慧財產與商業法院之設置

因應近年來國際上保護智慧財產權之浪潮，並提升我國司法機關處理智慧財產案件之專業性及效率，我國自97年7月1日成立智慧財產法院，首度突破採取公、私法分離審理之司法二元制度之訴訟審理模式，將行政事件、民事事件及刑事案件合併於智慧財產法院審理，秉持「創新、專業、公正」之理念，以訴訟同軌、見解

統一，積極審理、迅速正確的解決有關智慧財產之法律紛爭，積極累積知識及經驗，提升裁判品質，並與世界接軌。

　　另為建立迅速、妥適及專業處理重大民事商業紛爭之審理程序，我國於 109 年 1 月 15 日制定公布「商業事件審理法」，並修正「智慧財產及商業法院組織法」，定於 110 年 7 月 1 日施行，將商業法院併入智慧財產法院，更名為「智慧財產及商業法院（圖 3-5 ～ 3-7）」，使我國關於智慧財產及商業事件之司法解決機制邁入新的里程碑。（資料來源：智慧財產與商業法院）

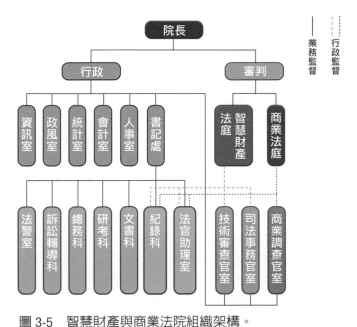

圖 3-5　智慧財產與商業法院組織架構。

圖 3-6　智慧財產與商業法院位於板橋火車站大樓上。

圖 3-7　智慧財產與商業法院服務櫃臺。

二、智慧財產與商業法院審理程序與業務範圍

依智慧財產及商業法院組織法第 3 條規定，智慧財產及商業法院掌理關於智慧財產之民事訴訟、刑事訴訟、行政訴訟及商業之民事訴訟與非訟事件審判事務，其管轄範圍如下表 3-4 說明：

表 3-4　智慧財產與商業法院管轄範圍說明

訴訟項目	業務範圍
商業訴訟事件	1. 公司負責人因執行業務，與公司所生民事上權利義務之爭議，其訴訟標的之金額或價額在新臺幣一億元以上者。 2. 因下列事件所生民事上權利義務之爭議，且訴訟標的之金額或價額在新臺幣一億元以上者： (1) 證券交易法之有價證券詐欺、財務報告或財務業務文件不實、未交付公開說明書、公開說明書不實、違法公開收購、操縱市場、短線交易、內線交易、不合營業常規交易、違法貸款或提供擔保。 (2) 期貨交易法之操縱市場、內線交易、期貨交易詐欺、公開說明書不實、未交付公開說明書。 (3) 證券投資信託及顧問法之虛偽、詐欺、其他足致他人誤信之行為、公開說明書不實、未交付公開說明書。 (4) 不動產證券化條例之公開說明書或投資說明書不實、未依規定提供公開說明書或投資說明書。 (5) 金融資產證券化條例之公開說明書或投資說明書不實、未依規定提供公開說明書或投資說明書。 3. 公開發行股票之公司股東基於股東身分行使股東權利，對公司、公司負責人所生民事上權利義務之爭議事件，及證券投資人及期貨交易人保護機構依證券投資人及期貨交易人保護法規定，訴請法院裁判解任公司之董事或監察人事件。 4. 公開發行股票之公司股東會或董事會決議效力之爭議事件。 5. 與公開發行股票公司具有控制或從屬關係，且公司資本額在新臺幣五億元以上之非公開發行股票公司股東會或董事會決議效力之爭議事件。 6. 因公司法、證券交易法、期貨交易法、銀行法、企業併購法、金融機構合併法、金融控股公司法、不動產證券化條例、金融資產證券化條例、信託法、票券金融管理法、證券投資信託及顧問法所生民事法律關係之爭議，其訴訟標的之金額或價額在新臺幣一億元以上者，經雙方當事人以書面合意由商業法院管轄之民事事件。
商業非訟事件	公開發行股票之公司裁定收買股份價格、依公司法規定聲請選任臨時管理人、選派檢查人，及其解任事件。

第 1 章
第 2 章
第 3 章
第 4 章
第 5 章
第 6 章
第 7 章
第 8 章
第 9 章
第 10 章

訴訟項目	業務範圍
智慧民事訴訟事件	依專利法、商標法、著作權法、光碟管理條例、營業秘密法、積體電路電路布局保護法、植物品種及種苗法或公平交易法所保護之智慧財產權益之第一審及第二審民事訴訟事件。
智慧刑事訴訟案件	因刑法第 253 條至第 255 條、第 317 條、第 318 條之罪或違反商標法、著作權法、營業秘密法及智慧財產案件審理法第 35 條第 1 項、第 36 條第 1 項案件，不服地方法院依通常、簡式審判或協商程序所為之第一審裁判而上訴或抗告之刑事案件，但少年刑事案件除外。
智慧行政訴訟事件	因專利法、商標法、著作權法、光碟管理條例、積體電路電路布局保護法、植物品種及種苗法或公平交易法涉及智慧財產權所生之第一審行政訴訟事件及強制執行事件。
指定管轄案件	其他依法律規定或經司法院指定由智慧財產及商業法院管轄之案件。

資料來源：作者整理自智慧財產與商業法院官網。

三、智慧財產權民事訴訟優先管轄原則

依智慧財產案件審理法第 7 條、智慧財產及商業法院組織法第 3 條規定，依專利法、商標法、著作權法、光碟管理條例、營業秘密法、積體電路電路布局保護法、植物品種及種苗法或公平交易法所保護之智慧財產權益所生之第一審及第二審民事訴訟事件，及其他依法律規定或經司法院指定由智慧財產法院管轄之第一審及第二審民事訴訟事件，由智慧財產及商業法院管轄。

由於前述法條對於管轄權的分配未採取「專屬管轄」的規定[1]，普通法院就智慧財產權民事訴訟案件，依據民事訴訟法既有管轄分配規定，並未被排除，自得有管轄權，因此如果智慧財產民事訴訟當事人選擇或合意在普通法院進行訴訟，為尊重當事人之意思，該事件得由普通法院管轄。換言之，智慧財產民事訴訟的當事人得自行選擇在「普通法院」或「智慧財產及商業法院」進行訴訟。

此外，自民國 109 年 1 月 1 日起勞動事件法開始施行，勞資糾紛如全部或一部涉及智慧財產權（例如雇主認為勞工侵害營業秘密、雇主將勞工的研發成果申請專利等），智慧財產及商業法院和普通法院的勞動法庭都可以審理，只是為了平衡勞雇雙方資源差異性，因此勞動事件法賦予勞工擁有較大的管轄選擇權[2]。

3-5 進階應用與管理實務

　　智慧財產權原則上都是主管機關（地域性：屬地主義，僅及於治權所及的領域範圍）基於鼓勵創作，立法用以保障創作人或發明人的權益，在一定期間內（時間性），使智慧財產權人得以排除他人在未經授權情況下（排他性），不得使用該創作或發明。其中最重要、最常使用的權利包括：專利權、商標權、營業秘密，以及著作權。而上述四者並非完全獨立，彼此之間應該有關連性，有時候可以互補，有時候又可以交叉或接續運用（圖 3-8），以下簡單敘述。

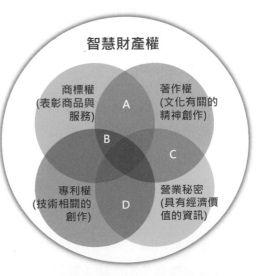

圖 3-8　四種重要智慧財產權保護標的與分布示意。

1. **著作權與商標權**

迪士尼（Disney）卡通與動畫主角人物，如：米奇（Micky）、米妮（Minnie）、凱蒂貓（Hello Kitty）等，都是美術著作，可以依著作權法保護。但美術著作有其保護期限，依臺灣著作權法，保護期限起自公開發表後 50 年，保護期屆滿即不再依著作權法保護。若美術著作和圖形商標有關，可以另外申請商標保護（如圖 3-8 之「A」處），商標申請核准自公告日起算 10 年，但時間屆滿只要有繼續使用的意思即可申請延展，延展至不使用為止。因此上述動畫主角的著作權擁有者可另行申請商標權，並透過商標授權販售周邊商品，創造無限商機。

2. **著作權、商標權、專利權**

如圖 3-8 之「B」處，美術著作、圖形商標、（外觀）設計專利有關，可以互相申請或保護。

3. **著作權與營業秘密**

著作權只保護表達的形式，不保護內容、思想、配方，所以語文著作（劇本）僅受著作權保護時，內容可能被其他人拿去運用。此時應該以營業秘密保護之，必須簽署保密協定方可參閱，用以保護原創的靈感與點子。如圖 3-8 之「C」處。

4. **營業秘密與專利權**

(1) 如果本身技術領先對手不多，隨時可能被追上時：

建議申請專利，因為可以透過先申請取得專利權。後發明者因技術落後，可能被迫放棄研發，否則將有侵權之虞。

(2) 如果本身技術領先對手很多，對手不太容易追上：

建議以營業秘密保護之。因為專利必須充分揭露；公開後，對手可以學習、參考，或據以做為基礎進行研發，等於提供對手教材與模仿的對象。

(3) 如果不公開，其他人很難知道（技術、配方）：

如果不公開，對手很難透過逆向工程或還原工程，了解原理、組裝或製造過程，此時建議當作營業秘密。做明顯的例子，包括：可口可樂的配方、火鍋湯頭的配方、料理的方法與醬料配方等。如圖 3-8 之「D」處。

3-6 案例與討論

Case 1：智慧財產權保護──專利與營業秘密的抉擇

案例：X 樂衷於發明與創造，生平最大夢想是將兒時漫畫中所描述的「記憶麵包」生產銷售，期盼可以因此創造驚人的財富，同時幫助無數沉淪苦海的莘莘學子；經過多番辛苦研究與反覆實驗常識後，終於發明出可以將課本內容轉印在麵包上、吃掉就會記住的「記憶麵包」，欣喜若狂之餘，X 苦思不知應該將記憶麵包的技術申請專利註冊，還是要將這個技術保持秘密；請問，X 應該如何決擇？

| 案例解析 |

1. 對於智慧財產權的保護，「專利」是需要將技術充分於專利公報上向外界揭露，而「營業秘密」是將核心機密妥善存放，使他人無法窺知，二者在智慧財產的保護上是互斥的。因此，在具有技術性的營業秘密同時符合申請專利要件時，應考量他人是否容易獨立開發出相同技術或產品、是否容易透過產品還原工程得知技術內容、技術或產品的週期長短、市場的成熟度等因素，若評估後認為上述考量因素趨近於肯定時，建議應選擇以專利作為保護，避免他人日後開發出相同技術或產品並申請取得專利保護，而使得原始創作者受到專利權排他性的限制；反之，如果趨近於否定時，可以判斷他人在短時間內不容易開發出相同的技術或產品，就建議應該以營業秘密保護這項智慧財產權。

2. 在本案中 X 研發出來的「記憶麵包」，向來僅存在於漫畫的描述與大家的憧憬，這是市場前所未見的產品，相信他人在短時間不容易獨立開發或透過還原工程創作相同的技術或產品，因此這項技術應該適宜以營業秘密加以保護。

Case 2：訴訟法院管轄的選擇

案例：A 任職於臺南科學園區 B 半導體公司的研發單位，A 的居住地也是在臺南市，因故有意離職轉任至同為競爭對手的 C 公司，但 A 在離職前的假日進入 B 公司辦公區域，將研發部門已完成的計畫及執行中的專案拷貝至私人行動硬碟中，嗣後被 B 公司主管發現 A 的竊取此等機密資料的行為後，B 公司除立即將 A 解雇外，亦向地檢署檢察官提出營業秘密法第 13 條之 1「以不正方法而取得營業秘密罪」的告訴。由於被 A 所竊取資料涵蓋 B 公司研發商品的營業秘密、各項設計圖說的著作權、半導體材料的電路布局等智慧財產權，恐將導致競爭，因此 B 公司有意另對 A 竊取商業機密資料的行為起訴請求損害賠償及營業損失，請問您若是 B 公司的法律顧問，您會建議 B 在公司所在地臺南地方法院起訴？或是向位處新北市板橋區的智慧財產及商業法院起訴？

| 案例解析 |

1. 依民事訴訟法規定，A 竊取 B 公司商業機密資料的侵權行為訴訟案件，無論是「被告所在地」、「侵權行為地」的臺南地方法院都有管轄權[3]；而以智慧財產案件審理法、智慧財產及商業法院組織法規定，本事件涉及營業秘密、著作權、積體電路電路布局等智慧財產權，智慧財產及商業法院有權管轄；因此，B 公司可自行考量選擇在臺南地方法院或是位處新北市板橋區的智慧財產及商業法院提起訴訟。

2. 對 B 公司而言，臺南地方法院離公司最近，在臺南進行訴訟可免除南北往來交通的時間與成本，但是智慧財產法院的承審法官對智慧財產權爭議審理具有相當程度的專業及熟稔度，且智慧財產法院有設置技術審查官[4]，可協助法官處理案件有關之專業技術上爭點，對於營業秘密的認定或是否構成侵害的認定，較易達成法律見解的一致性，因此，若 B 公司願意放棄臺南地方法院審理所產生的便利性，建議 B 公司應在智慧財產及商業法院起訴。

註解

3：民事訴訟法第 1 條規定，訴訟，由被告住所地之法院管轄。被告住所地之法院不能行使職權者，由其居所地之法院管轄。訴之原因事實發生於被告居所地者，亦得由其居所地之法院管轄。民事訴訟法第 15 條規定，因侵權行為涉訟者，得由行為地之法院管轄。

4：智慧財產及商業法院組織法第 16 條第 1 項至第 3 項規定，智慧財產法院設技術審查官室，置技術審查官，其來源則得以任用、遴聘或借調具有智慧財產專業知識或技術之人員充任之。

延伸思考

1. 透過法律制度保護智慧財產權的目的為何？
2. 請問對於不同智慧財產權的法律保護機制彼此關係如何？是否處於絕對的擇一或並存的關係？

參考資料

1. 智慧財產與商業法院官網 https://ipc.judicial.gov.tw/tw/mp-091.html。

2. 經濟部智慧財產局官網 https://www.tipo.gov.tw/tw/mp-1.html。

腦力激盪

第1章

第2章

第3章

第4章

第5章

第6章

第7章

第8章

第9章

第10章

1. 智慧財產權與一般財產權有何異同？

2. 美國唯一曾因發明而獲得專利權的總統林肯（Abraham Lincoln）曾說：「專利制度是為天才之火添加利益之油（The patent system adds the fuel of interest to the fire of genius.）」，但是在十九世紀中期的歐洲，英國自由市場雜誌《經濟學人》卻認為專利保護的成本大於利益而發動反專利運動。請問智慧財產權保護制度有無可能造成經濟發展的障礙？

第 **4** 章

商標法

「Use it or lose it.」（申請註冊商標是要拿來用，否則將會喪失商標權）

——商標實務界名言

　　商標糾紛問題在商業競爭中屢見不鮮，有時為了取得商業利益更是惡意搶先註冊或混淆商標。因此，必須對智慧財產權中的商標法有充分了解，才能保護權益。本章將為各位介紹品牌商標與商標法、商標的功能、種類、申請程序，及商標異議、評定、侵害與救濟和延伸進階應用與管理實務經驗分享，並透過課後練習來驗證學習成效。

全國法規
資料庫 –
商標法

4-1 品牌商標與商標法

第1章
第2章
第3章
第4章
第5章
第6章
第7章
第8章
第9章
第10章

一、品牌商標

在進入課程之前，邀請大家思考並討論以下有關於「品牌商標」的幾個問題：

1. 世界知名品牌（如圖 4-1）中，您認得幾個？您知道它們主要從事的行業是什麼嗎？

2. 您能列舉出臺灣著名商標或中國的馳名商標嗎？您覺得兩岸哪項品牌商標最值錢？

3. 在您住家及學校附近，您記得幾個很著名的商標呢？為什麼您會記得？

4. 您覺得品牌商標有助於銷售嗎？商標在保護什麼？文字？符號？還是有其他目的？

每一個品牌商標都代表著企業形象，需要及時註冊以維護品牌，並透過用心經營品牌，來創造品牌價值，其主要的目的為建立品牌商標在消費者心中的地位。然而，建構設計一個品牌，並成為企業形象及信譽的代表，其發展過程並不容易。許多企業往往因為品牌規劃意識薄弱，或者一時疏忽，沒有及時註冊商標以維護品牌，結果被其他企業搶先註冊或仿冒，不僅帶給企業巨大的經濟損失，還會使企業苦心經營的品牌聲譽與形象嚴重受損。保護商標，就是保護自己的資產，不論大小廠商都要靠自己在註冊、使用上的維護去避免混淆、減少訴訟成本，才能百分之百捍衛品牌心血。

圖 4-1　世界知名品牌的商標。

「Black Mamba（黑色曼巴）」為已故 NBA 球星 Kobe Bryant 之著名藝名（圖 4-2），請問一般人是否可以隨意申請註冊使用？

圖 4-2　Kobe Bryant 穿著印有「Black Mamba」圖樣的衣服。

二、商標法

商標（Trademark）是用來區辨供應商品或提供服務的來源之標誌。例如消費者可以透過運動球鞋上的圖案來理解區別是耐吉（Nike）、愛迪達（Adidas）或是其他公司生產製造。

商標權（Trademark Rights）係商標權利人得專用其商標之權利，商標權為財產權，係智慧財產權之一環，其不同於有體財產權，具有準物權之性質[1]。為了保護辛苦設計經營的品牌及產品，商標和專利的註冊，在整個品牌建構的布局過程中，是相當重要的步驟，為了讓自身權益得以保障，建立正確觀念的商標法知識素養就變得很重要。商標權人對於侵害其商標權者，得向侵權行為人主張禁止請求權、損害賠償請求權及銷毀請求權。以下將介紹商標法基礎概念：

註 解

1：準物權，即非民法上之物權，係為在法律上被視為物權而準用民法關於物權規定之權利，故稱之為準物權。商標權為無體財產權，具有準物權性質，無法依動產物權交付，故依不動產物權採登記之公示方法，並採登記對抗原則，參見：商標法第 33 條規定，商標自註冊公告當日起，由權利人取得商標權；商標法第 39 條、第 42 條規定，商標權之移轉或授權，非經商標專責機關（經濟部智慧財產局）登記者，不得對抗第三人。

1. 我國商標法主要分為五大章節，包括：

   (1) 第一章：總則。

   (2) 第二章：商標（申請註冊、審查及核准、商標權、異議、評定、廢止及權力侵害之救濟）。

   (3) 第三章：證明標章、團體標章和團體商標。

   (4) 第四章：罰則。

   (5) 第五章：附則。

   最新商標法規條文內容請查詢中華民國法規資料庫。

2. 商標法之立法目的在於保障商標權、維護市場公平競爭及促進工商企業正常發展（商標法第 1 條）。

3. 商標（Trademark）:Trade + Mark。

4. 商標係指足以標章自己之商品或服務之標識，意即俗稱的「品牌」或「Logo」。

5. 商標雖為智慧財產權，然事實上商標並非經創造或發明而來，係長期使用與廣告宣傳而累積之商譽表徵，其與專利與著作為人為之心智成果，有所不同。

6. 商標得以文字、圖形、記號、顏色、立體形狀、動態、全像圖、聲音或其聯合式所組成（商標法第 18 條）。

7. 隨著企業的發展，商標的設計也會有所變化（圖 4-3）。

圖 4-3　星巴克咖啡的商標演進史。

8. 商標侵權行為是指違反商標法規定，假冒或仿冒他人註冊商標，或者從事其他損害商標權人合法權益的行為（圖4-4）。

9. 商標的三大特性：依附性（需依附於產品或服務）、識別性（要便於識別，從而能夠區分其產品或服務，亦稱為顯著性或區別性）及專用性（經主管機關核准註冊的商標，享有商標專用權，他人不得使用相通或相似的商標在該類的產品或服務）。

10. 臺灣施行註冊保護主義（First to Register）、先申請先註冊主義、屬地主義及獨立性原則（馬德里協定／馬德里議定書），美國則採用使用主義（First to Use）。

11. 審查原則：程序及實體審查。

12. 商標權期間為 10 年（商標法第 33 條第 1 項）；期滿可申請延展，每次延展 10 年（商標法第 33 條第 2 項）

 案 例

中國大陸「老干媽」的商標護城河

當搶註商標被變成一門生意，任何人只要有心發揮創意加字，都可能取得新的商標註冊，而商標權人無法依賴本身商標去阻止近似商標的使用，因此，搶先把他人可能會模仿的商標加以註冊，盡可能的去做擴張申請保護，是維護品牌權益的方法之一。最具

圖 4-4 中國知名食品品牌「老干媽」商標。

代表性例子就是老干媽商標護城河（圖4-4），其公司除了「老干媽」、「陶華碧老乾媽」之外，還申請了「媽干老」、「老千媽」、「老幹媽」、「老干爹」、「干儿子」、「干女儿」等一票商標親戚系列的商標，目的在維護自身的品牌權益，禁止攀親帶故的仿冒行為。也正因有這樣的積極作為，讓「老干媽」在 2012 年與「老大媽」展開的商標註冊訴訟中，最終勝出，轟動一時。

商標充電站：試比較坊間常見 ©、TM 與 ® 之差別為何？

1. ©：C（Copyright）版權標記符號，表示受到版權保護。可以視為是正版的一種標記，在許多授權商品與出版物上都會看到此標記。

2. TM：TM（Trademark）是一種「商標」符號，通常用於非註冊商標，或表示商標已在申請中。但須注意，由於未完成註冊，並不享有商標專用權的法律保護，仍然有被搶先註冊的風險。

3. ®：R（Registered）指「註冊」商標，表示此商標已完成註冊。享有專用權而且有使用的義務。如果證實連續三年都沒有使用，可以被註銷。

4-2 商標之功能

商標最主要的三大功能分別為識辨功能、品質擔保功能和廣告促銷功能。

1. 辨識功能

所稱識別性，指足以使商品或服務之相關消費者認識為指示商品或服務來源，並得與他人之商品或服務相區別者，如可從華碩電腦「ASUS」商標或宏碁電腦「acer」商標，區分出是不同企業所生產製造的電腦。

2. 品質擔保功能

如彩色電視機標示日本新力（索尼）公司「SONY」商標，通常消費者會認為比較有品質保證。

3 廣告促銷功能

商標具有醒目、便於記憶的特點，可提升廣告與宣傳效果，加深產品與服務在消費者心目中的印象，從而達到創造品牌、擴大銷路與知名度的目的。

美商蘋果公司（Apple）控告深圳唯冠科技 iPad 中國商標侵權

　　美商蘋果公司（Apple）控告深圳唯冠科技 iPad 中國商標侵權一案，中國廣東深圳中級人民法院在 2011 年 12 月 5 日作出一審判決，原告蘋果公司敗訴，這代表著蘋果公司在中國所販售 iPad 商品（圖 4-5）的行為已侵害深圳唯冠科技的商標權。

　　被告唯冠集團，旗下有兩家子公司包含深圳唯冠科技與台北唯冠科技。唯冠集團表示自己曾在 2001 年推出自己的電腦（i-PAD），並在中國、歐盟、韓國、墨西哥、新加坡、印度尼西亞、泰國、越南等地註冊了 10 個「IPAD」商標專用權，同時販售自產的 iPad 商品，因銷量不佳，因而停產，但手中依然保有 iPad 的商標權。最終，2012 年 7 月 2 日中國廣東省高級人民法院公布，蘋果公司已與深圳唯冠就 iPad 商標案達成和解，蘋果公司向深圳唯冠公司支付 6,000 萬美元。

　　案例省思：商品或是服務商標的申請通常優先於產品的問世，所以商標布局通常優先於實際產品的布局。但為數不少企業為避免提早洩露商機，商標申請的時間點與產品問世之掌握就須多費心。從蘋果電腦的 iPhone 到 iPad 商標智權規劃案例，其似乎先決定產品再決定商標名稱，或許避免商品被抄襲之慮，但後續再透過收購商標，也讓取得商標成本高於一般企業。

圖 4-5　唯冠科技註冊的 IPAD 商標（左）與蘋果公司註冊的 iPad 商標（右）。

第1章
第2章
第3章
第4章
第5章
第6章
第7章
第8章
第9章
第10章

4-3 商標的種類與組成

　　根據商標法第 1 條，商標之立法目的：為保障商標權、證明標章權、團體標章權、團體商標權及消費者利益，維護市場公平競爭，促進工商企業正常發展。

　　商標種類及作用之綜合說明可參見表 4-1。

一、商標的種類

（一）商標權（商品類）（第 18 條）

　　是指商品的生產者或經營者為了將自己生產或經營的商品與他人生產或經營的商品區別開來，而使用的文字、圖形或其組合標誌。商標權（商品類）可以是具有某種含義或毫無任何意義的文字、圖形或其組合。如同其它商標一樣，只要不違反法律的禁用條款，不損害公共道德或他人的利益，具有商標的顯著性，均可成為商品類商標。如 Crocodile 鱷魚休閒服、BMW 汽車（圖 4-6）。

圖 4-6　Crocodile 鱷魚休閒服（左）、BMW 汽車（右）商標。

（二）商標權（服務類）（第 18 條）

　　是指提供服務的經營者，為將自己提供的服務與他人提供的服務相區別而使用的標誌。商標權（服務類）可以由文字、圖形、字母、數字、三維標誌和顏色組合，以及上述要素的組合而構成。如麥當勞 M 圖形、VISA 信用卡（圖 4-7）。

圖 4-7　麥當勞（左）、VISA 信用卡（右）商標。

（三）證明標章（第 80 條）

指證明標章權人用以證明他人商品或服務之特定品質、精密度、原料、製造方法、產地或其他事項，並藉以與未經證明之商品或服務相區別之標識。如農委會註冊鮮乳、ST 玩具安全、TQF 食品認證等標章（圖 4-8）。

圖 4-8　農委會註冊鮮乳（左上）、ST 玩具安全（左下）、TQF 食品認證（右）等標章。

（四）團體標章（第 85 條）

指具有法人資格之公會、協會或其他團體，為表彰其會員之會籍，並藉以與非該團體會員相區別之標識。如獅子會、扶輪社、政黨組織（圖 4-9）。

（五）團體商標（第 88 條）

指具有法人資格之公會、協會或其他團體，為指示其會員所提供之商品或服務，並藉以與非該團體會員所提供之商品或服務相區別之標識。如苗栗公館紅棗產地商標、臺中大甲芋頭產地商標（圖 4-10）。

圖 4-9　獅子會（上）與扶輪社（下）的團體標章。

圖 4-10　苗栗公館紅棗產地商標（左）、臺中大甲芋頭產地商標（右）。

表 4-1　商標的種類與作用

商標種類	法條依據	作用
商標權（商品和服務類）（Trademark）	商標法第 18 條	表彰商品或服務之標識
證明標章（Certification Mark）	商標法第 80 條	證明商品或服務之特定品質、精密度、原料、製造方法、產地或其他事項
團體標章（Collective Trademark）	商標法第 85 條	具有法人資格之公會、協會或其他團體，為表彰其會員之會籍，並藉以與非該團體會員相區別之標識
團體商標（Collective Membership Mark）	商標法第 88 條	具有法人資格之公會、協會或其他團體，為指示其會員所提供之商品或服務，並藉以與非該團體會員所提供之商品或服務相區別之標識

資料來源：作者整理。

二、商標的組成

　　根據商標法第 18 條，商標得以文字、圖形、記號、顏色、立體形狀、動態、全像圖、聲音或其聯合式所組成。其分為傳統（平面）與非傳統商標方式呈現，如圖 4-11 所示。

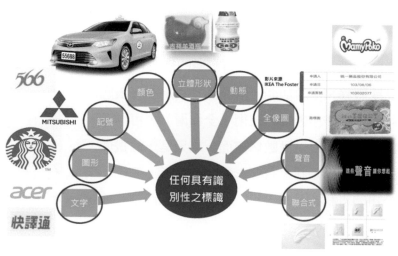

圖 4-11　商標之組成方式案例。

1. 文字：含中外文字及數字，如快譯通、acer。

2. 圖形：含抽象物、人物、動植物、繪畫或文字之美術變化圖形，如星巴克。

3. 記號：一切標記或象徵的符號，如＋、－、×、÷、%、音樂符號、數字或特殊符號等所構成，如 566 洗髮精。

4. 顏色：指由單一顏色或二種以上的顏色組合標識，係以單純的顏色或顏色組合作為識別，而不含特定形狀的圖形外觀，如黃色為我國計程車顏色標示。

5. 立體形狀：

    (1) 商品本身之形狀：如瑞士 TOBLERONE 巧克力。

    (2) 商品包裝、容器之形狀：如可口可樂、養樂多。

    (3) 立體形狀標識：如肯德基爺爺。

    (4) 服務場所之裝潢設計：如高跟鞋教堂（如圖 4-12）。

    (5) 文字圖形記號或顏色與立體形狀之聯合式。

圖 4-12　高跟鞋教堂屬於立體商標。

6. 動態商標：泛指連續變化的動態影像，而且該動態影像本身已具備指示商品或服務來源的功能，如滿意寶寶（MamyPoko）。

7. 全像圖商標：指以全像圖作為標識的情形，而且該全像圖本身已具備指示商品或服務來源的功能。全像圖是利用在一張底片上同時儲存多張影像的技術（全像術），可以呈現出立體影像，可以是數個畫面，或只是一個畫面，而依觀察角度不同，有虹彩變化的情形。如統一藥品公司的「我的美麗日記」雷射標籤圖商標（如圖 4-13）。

圖 4-13　雷射標籤。

(top-right navigation tabs)

8. 聲音商標：單純以聲音本身作為標識的情形，係以聽覺作為區別商品或服務來源的方法，聲音商標可以是音樂性質的商標，如提神飲料廣告臺詞「你累了嗎？」、綠油精廣告歌曲、大同公司的「大同歌」等。

9. 聯合式商標：對於視覺可感知的部分，應以商標圖樣呈現，至於非視覺可感知的部分，則以商標描述加以說明，但在非視覺可感知部分為音樂性質的聲音商標時，仍應以五線譜或簡譜之商標圖樣表現該聲音。如蘇菲衛生棉（圖 4-14）。

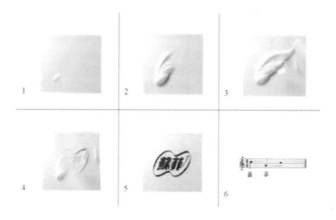

圖 4-14　蘇菲衛生棉商標由五個圖像和一個樂譜構成，屬於聯合式商標。

 問 題 思 考

　　為何三洋藥品的國安三角瓶無法申請取得立體商標（圖 4-15）？

圖 4-15　三角瓶身的國安感冒液。

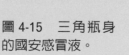 (國安感冒 label within figure 4-15)

4-4 商標權申請程序

一、銷售觀點的商標選擇

　　站在銷售的角度去選擇申請商標，商標要如何設計才能吸引消費者目光？在思考上可納入以下幾項觀點：

1. **應具特別性**

   商標若具有與眾不同的特性，在眾多的同類商品中自能凸顯自己的商品，使消費者產生深刻的印象。具特別性的商標一般較易懂、易唸、易記，例如：穩潔、一匙靈、好自在等。

2. **應具象徵性**

   商標若將公司的經營理念、產品特性、功能、性質反映在商標內，可使消費者從商標就瞭解公司的經營理念及產品特性。例如：「美好挺」使用於衣服，「克蟑」使用於殺蟲劑，均能完全顯示產品的特性及功能。

3. **時代性與持久性**

   商標申請雖然要有時代性，但是若是該商標使用的程度過於普遍氾濫時就要小心。如隨著網際網路的快速發展，.com、@ 或 e 化形式的商標，會不會退流行？

4. **世界通用性**

   若將來品牌有意擴大行銷國際市場，商標申請應思考納入英文方式，方便消費者記憶和行銷全球。

二、商標之檢索

要申請註冊商標之前，首先必須先利用商標檢索系統進行檢索（如圖 4-16），透過輸入品牌文字、想從事的營業項目、商品類別、商品／服務群組代碼等檢索欄位條件進行檢索。主要目的為確保所選擇的商標是可以申請註冊，是可受到保護。另一方面，也避免侵害別人的商標權。當然，如果成功通過商標申請而未使用，也可能被撤銷或廢止，唯有合法使用商標才能受到法律的保護（商標法第 5 條）。

圖 4-16　智慧財產局之商標檢索系統。

商標檢索系統

三、商標之申請註冊

由於商標不能脫離商品或服務而存在，因此，商標法規定在申請註冊時就應該指定想要使用的商品服務類別。相關之法源依據如表 4-2 說明。

表 4-2　商標申請之法源依據

商標之申請	法條依據
申請人	1. 本國人（商標法第 2、24 條） 2. 外國人（商標法第 4 條） 3. 商標代理人（商標法第 6 條）
申請日	文件齊備日（商標法第 9、10、19 條） 優先權日（商標法第 4、20 條）
取得方式	註冊保護主義（商標法第 2、18、22 條）

資料來源：作者整理。

申請商標註冊應符合如下積極要件，較容易取得商標。相反的若落入消極要件則不得申請註冊（如表 4-3）。

1. 商標之構成要素（商標法第 18 條第 1 項）：指任何具有「識別性」之「標識」，得以文字、圖形、記號、顏色、立體形狀、動態、全像圖、聲音等，或其聯合式所組成。

2. 識別性（商標法第 18 條第 2 項）：指經由商標內容可指示、區別業者提供商品或服務的來源，並與他人商品或服務相區別之特性。識別性的判斷應從消費者的角度來觀察，透過消費者對於商標的認知，能否輕易且顯著地分別不同商品或服務的差異為認定的基礎。然而，識別性之「有無」、「強弱」會隨著商標實際使用情形及時間經過而有所變化，並非僅以商標申請時的判斷為標準。商標識別性有先天與後天之分：

   (1) 先天：指商標本身所固有，無須經由使用取得的識別能力。

   (2) 後天：指標識原不具有識別性，但經由在市場上之使用，其結果使相關消費者得以認識其為商品或服務來源的標識，即具有商標識別性，因此時該標識除原來的原始意涵外，尚產生識別來源的新意義，所以後天識別性又稱為第二意義。

3. 識別性之強弱程度

   (1) 通用名稱商標：如 Baseball。

   (2) 描述性商標：如 healthy。

   (3) 暗示性商標：如蠻牛飲料。

   (4) 隨意性商標：如 apple vs apple 電腦。

   (5) 創造性商標：如 IBM、Kodak、acer 等自創品牌。

4. 聲明不專用：如 Hello 電信。

5. 後天識別性：如 SOGO 百貨的菱紋圖紙袋（圖 4-17）。

圖 4-17　SOGO 百貨的「菱紋圖」紙袋。

表 4-3　商標註冊消極要件（不得註冊）

不得註冊之情形	法條 （商標法）	說明
僅表示商品或服務之形狀、品質、功用或其他說明	第 29 條 第 1 項 第 1 款	所謂商品或服務說明者，係指直接說明商品或服務本身之性質、品質、內容、功能、尺寸及使用階層等
僅指定商品或服務之通用標章或名稱	第 29 條 第 1 項 第 2 款	所謂通用標章與通用名稱，係指同業間已普遍使用之標章或名稱
僅由其他不具識別性之標識所構成者	第 29 條 第 1 項 第 3 款	不符合商標法定商標構成要素與識別性要件
應聲明不專用而未聲明不專用	第 29 條 第 3 項	為了避免申請人於商標註冊後濫行主張權利，例如商標中有「某某集團」，其中「集團」二字，已為商業上所廣泛使用，不應因該商標經核准註冊而阻止其他人使用「集團」二字，故若申請人在申請時未將「集團」聲明不專用，商標即不得註冊，否則將造成商業市場上的混亂
商品或包裝之立體形狀係為發揮其功能性所必要	第 30 條 第 1 項 第 1 款	立體商標之形狀如具有功能性，並為業者所需要，自不得由特地人專屬而取得註冊
相同或近似於國旗、國徽等	第 30 條 第 1 項 第 2 款	相同或近似於中華民國國旗、國徽、國璽、軍旗、軍徽、印信、勳章或外國國旗者
相同於國父或國家元首之肖像或姓名	第 30 條 第 1 項 第 3 款	國父或國家元首，不問是否為現任或尚生存者
相同或近似於中華民國政府機關或展覽性質集會等標章	第 30 條 第 1 項 第 4 款	所謂展覽性質集會，應包含國內、國外之該種集會。本款制定之目的在於防止不公平競爭之行為發生
相同或近似於國際性著名組織或國內外著名機構等	第 30 條 第 1 項 第 5 款	本款立法之目的在於對國際組織標章之尊重，確保國內外著名組織權益，避免造成消費大眾有誤認之虞

不得註冊之情形	法條 （商標法）	說明
相同或近似於正字標記或其他國內外同性質驗證標記	第 30 條 第 1 項 第 6 款	避免使消費者誤認申請人之商標或服務標章所表彰之商品或服務具備驗證標記所認證之特定品質
妨害公共秩序或善良風俗	第 30 條 第 1 項 第 7 款	公序良俗之認定，依據註冊時之具體內容判斷之
使公眾誤認誤信其商品或服務之性質、品質或產地之虞	第 30 條 第 1 項 第 8 款	其在維護市場公平競爭秩序，並避免一般消費者對標示該圖樣之性質、品質或產地發生混淆
相同或近似互惠國家或地區之葡萄酒或蒸餾酒之地理標示	第 30 條 第 1 項 第 9 款	為加強保護酒類地理標示，配合 TRIPs 第 23 條第 2 項規定而制定，至於葡萄酒或蒸餾酒以外的酒類商品有致產地誤認誤信之虞者，應適用同條項第 8 款規定
相同或近似商標或申請在先之商標有致相關消費者混淆誤認	第 30 條 第 1 項 第 10 款	所謂商標近似者，係指以具有普通知識經驗之購買人，於購買時施以普通所用之注意，有無混淆誤認之虞
相同或近似於他人著名商標或標章有致混淆誤認或減損	第 30 條 第 1 項 第 11 款	本款規定意旨在於保障著名商標或標章所有人之權益，而他人著名商標，並不以已註冊為限
相同或近似於他人同一或類似商品或服務而有契約關係	第 30 條 第 1 項 第 12 款	本款規定有防止投機者，利用特定關係而知悉他人未於國內註冊商標，進而搶先申請註冊，以阻撓他人使用該商標，以維護交易秩序與商業道德
未經同意有他人之肖像或著名之姓名等	第 30 條 第 1 項 第 13 款	本款規定之目的，在於保護自然人之人格權
著名之法人、商號或其他團體之名稱而混淆誤認	第 30 條 第 1 項 第 14 款	為合理保護法人、商號或其他團體之名稱，其名稱均須為已經著名者，且是否致公眾混淆誤認之虞為準
商標侵害他人之著作權、專利權或其他權利經判決確定者	第 30 條 第 1 項 第 15 款	雖有侵害他人權利，倘事後取得他人同意者，應可准予註冊，排除適用之

資料來源：作者整理。

問 題 思 考

侵蝕品牌價值，「商標搶註」要提防

商標搶註是以獲利等為目的，用不正當手段搶先註冊他人在該領域或相關領域中已經使用並有一定影響的商標、域名或商號等權利的行為。商標搶註行為包括：

1. 搶先註冊他人的未註冊商標。

2. 將他人已為他人熟知的商標或馳名商標在非類似商標或服務上申請註冊。

3. 將他人的創新設計、外觀設計專利、企業名稱和字號、著作權等其他在先權利作為商標申請註冊。

以上三種，都是常見的商標搶註行為，侵權對象都是能代表品牌的客體。申請商標註冊不得損害他人現有的在先權利，也不得以不正當手段搶先註冊他人已經使用並有一定影響的商標。

「無正當事由迄今未使用或繼續停止使用已滿三年者，將喪失商標權。但被授權人有使用者，不在此限。」商標專責機關即應依職權或據申請廢止其註冊商標。

此外，中國大陸商標也採申請在先原則，申請之際不須提供使用證據，惡意申請人（俗稱：商標蟑螂）利用此漏洞以及制度上的缺陷，搶註國外知名商標，爾後再轉讓回去給該商標之原始權利人以牟取暴利，或是藉此攀附商譽。為抑制商標惡意註冊行為，政府將駁回不以使用為目的的惡意商標註冊申請、依法究辦未拒絕惡意註冊的商標代理機構及加大賠償金額以及制裁假冒商標的商品等方式來遏止此歪風。

林來瘋 Linsanity

美籍臺裔職業籃球運動員林書豪（Jeremy Lin），曾經帶起一股「林書豪旋風」。一個網友給他取了「Linsanity」的外號，這個字是由 Lin＋insanity 組合而成，Lin 代表林書豪，insanity 指令人瘋狂，中文譯為「林來瘋」。後來隨著林書豪的優異表現，這個單字成為了林書豪的代名詞，並在全世界流行。

成名之後，許多的商品搶印「Linsanity」字樣，無數企業代言上門。林書豪於是向美國商標專利局與臺灣智慧財產局申請「Linsanity」、「Jeremy Lin」、「林書豪」等商標註冊（圖 4-18），以免被不明人士利用其肖像獲利。

圖 4-18　林書豪申請的註冊商標（右）與他人搶註被核駁的商標（左）（資料來源：經濟部智慧財產局）。

東京奧運跳水金牌得主全紅嬋

年僅 14 歲的東京奧運跳水金牌得主全紅嬋（圖 4-19），其姓名遭惡意搶註商標。中國大陸國家知識產權局批評，個別企業和個人惡意搶註運動員姓名或外號，以獲取或不正當利用他人市場聲譽，侵害他人姓名權及其合法權益，產生惡劣社會影響，對此予以譴責，並依據《商標法》駁回申請。未來將繼續嚴厲打擊商標惡意搶註行為，保護奧運健兒在內的知名人物姓名，對違反誠實信用原則、惡意註冊商標、圖謀不當利益的申請人及代理機構，依法規嚴肅處理。

圖 4-19　中國國家跳水運動員全紅嬋。

第1章

第2章

第3章

第4章

第5章

第6章

第7章

第8章

第9章

第10章

4-5 異議、評定及廢止

由於商業競爭激烈，商標的爭議事件屢見不鮮，為了維護商標權的權益，必須對商標的異議、評定和廢止相關法規有所了解。以下利用表 4-4 和表 4-5 針對商標爭議之處理方式和須留意的重要事項進行比較，相信將有助於讀者對於商標爭議事件處理之學習。

表 4-4　商標爭議處理之比較

商標爭議	主體	申請時期	法條（商標法）	審查人員
異議	任何人	註冊公告日後 3 個月內	48~56	獨任制
評定	利害關係人或審查人員	原則：註冊公告日後 5 年內 例外：不受限制	57~62	合議制
廢止	任何人、商標專責機關	商標權期間內	63~67	獨任制

資料來源：作者整理。

表 4-5　商標爭議之重要事項

商標爭議	重要事項
商標異議	1. 異議人與異議期間 2. 異議事由：商標註冊違反法規 3. 異議範圍 4. 異議證據：市場調查報告 5. 異議審查結果：(1) 行政處分、(2) 一事不再理
商標評定	1. 申請評定人與期間：公告日起 5 年，解決當事人間糾紛 2. 評定事由：(1)…、(2)…、(3)… 3. 評定委員：由商標專責機關首長指定審查委員 3 人 4. 評定效果：(1) 行政處分、(2) 一事不再理

商標爭議	重要事項
商標廢止	1. 廢止權人 2. 廢止原因：(1) 變換圖樣或附記、(2) 未使用、(3) 未附加區別標示、(4) 通用標章、名稱或形狀、(5) 誤認或誤信、(6) 侵害判決確定、(7) 不當使用者
商標權之消滅	(1) 未依規定展延註冊者，商標權期間屆滿之次日 (2) 商標權人死亡而無繼承人者，其死亡時

資料來源：作者整理。

4-6 商標權之侵害與救濟

一、商標權侵害

一般商標權侵害大致可分為直接侵害和間接侵害，說明如下：

（一）直接侵害（商標法第 68 條）

1. 於同一商品或服務，使用相同於其註冊商標之商標者。

2. 於類似之商品或服務，使用相同於其註冊商標之商標者，有致相關消費者混淆誤認之虞者。

3. 於同一或類似之商品或服務，使用近似其註冊商標之商標，有致相關消費者混淆誤認之虞者。

（二）間接侵害（商標法第 70 條）

依商標法第 70 條規定：「未得商標權人同意，有下列情形之一，視為侵害商標權：

1. 明知為他人著名之註冊商標，而使用相同或近似之商標，有致減損該商標之識別性或信譽之虞者。

2. 明知為他人著名之註冊商標，而以該著名商標中之文字作為自己公司、商號、團體、網域或其他表彰營業主體之名稱，有致相關消費者混淆誤認之虞或減損該商標之識別性或信譽之虞者。

3. 明知有第 68 條侵害商標權之虞，而製造、持有、陳列、販賣、輸出或輸入尚未與商品或服務結合之標籤、吊牌、包裝容器或與服務有關之物品。」

二、商標權侵害之救濟

商標權侵害之救濟方式主要分為民事救濟和刑事救濟。刑事救濟處理方式有侵害商標權罪（第 95、96 條）、販賣侵害商標權商品罪（第 97 條）和沒收（第 98 條）。民事救濟上有禁止請求權、損害賠償請求權、銷毀請求權、回復名譽請求權、業務信譽損害請求權和禁止查扣（表 4-6）。

表 4-6　商標權侵害之民事救濟

民事救濟	說明
請求權人	商標權、外國人、商標被授權人
禁止請求權	無過失主義
損害賠償請求權	過失主義
損害賠償之計算	具體損害計算說、差額說、總額利益說、總銷售額說、商品單價加倍計算說、權利金
銷毀請求權	無過失責任
回復名譽請求權	判決書全部或一部登報
業務信譽損害請求權	非財產上之損害
禁止查扣	邊境管制措施（在海關查扣）

資料來源：作者整理。

4-7 進階應用與管理實務

本小節補充商標基本認知、申請商標實務上可能遇到的問題。

一、標誌（Logo）、商標（Trademark）、註冊商標 （Registration Trademark, ®）有何不同？

（一）標誌

標誌可以代表任何團體、物件……，只要區別其他事務即可，例如：班上設計班徽、系上設計系徽……，然後用以代表群體，彰顯和其他團體的區別。不一定會有商業使用，而且通常不會有商業使用（如果要商業使用，最好申請商標並獲得核准）。

（二）商標

商標則是標誌用於商業使用，不必然有向政府單位申請，因此雖有使用的事實或意思，但無法防止他人和自己使用相同的標誌。例如：同一條街道可能有很多家的「小魔女」檳榔攤，如果沒有申請並核准，彼此無法互告侵害商標權；如果有一方想申請商標也不一定可以獲准，因為有其他人使用的既成事實。

（三）註冊商標

「正式的商標」應該是指註冊商標！因為商標是公權力所賦予專用的權利，所以必須向商標主管機關（經濟部智慧財產權局）「申請且核准，才得以對抗第三人」。

但商標是屬地主義（或說所有的智慧財產權都是屬地主義，在哪一個國家管轄範圍，必須遵照該國相關的法規規定），所以各國規定皆不盡相同，例如美國對於商標的保護可分為使用保護（標示 TM）、註冊保護（®）兩種，因此若廠商以美

國出口貿易為大宗，可依美國的標示習慣，在商品旁邊加註 ® 或 TM，以利於進入美國市場時獲得保護。

二、商標須具備（顯著）識別性，如果以前已經有人註冊並核准，是否可以提出申請，且有被核准的可能性？

商標申請應查詢是否有類似或近似或相同商標申請在先（檢索：智慧財產局商標檢索系統），主要考量所欲申請的商標是否具有「識別性」（商標的要件）！加上商標最好和公司名稱相符（可先在經濟部商業司網站進行：公司登記查詢），將來進行廣宣時可以同時進行，一方面提升品牌整體形象、強化將來拓展產品、公司多角化經營的可能性，另一方面也可以節省行銷費用。也就是：

（一）不能近似、類似或相同

不能與其他類似或相同商品的近似或相同商標申請在先者，而有混淆誤認之虞。

（二）不能為說明性

不能為產品之說明，而容易使相關消費者對其內容產生聯想，視其為商品或服務內容的說明的商標，例如「蘋果」牌商標指定商品為水果。

其中第（一）項所稱之近似、類似、相同商標是以商標本身論定，而類似或相近商品，代表商標申請時應該指定類別，我國商標法規定申請商標時，應指定使用類別，而依照國際商品及服務之尼斯分類（The Nice Classification, NCL）將商標分為商品與服務等 45 類，其中商品分類分布於第 1～34 類、服務則第 35～45 類，簡單分類請參照表 4-7 所示。如果商品不同，是可以核准商標使用於不同類別的。

表 4-7　商品尼斯分類（NCL）說明

商品分類	
1	工業、科學、照相、農業、園藝、林業用化學品；未加工人造樹脂、未加工塑膠；肥料；滅火製劑；回火及焊接製劑；保存食品用化學物；鞣劑；工業用黏著劑。

	商品分類
2	漆、清漆、亮光漆；防銹劑及木材防腐劑；著色劑；媒染劑；末加工天然樹脂；塗裝、裝潢、印刷與藝術用金屬箔及金屬粉。
3	洗衣用漂白劑及其他洗衣用劑；清潔劑、擦亮劑、洗擦劑及研磨劑；肥皂；香料、香精油、化粧品、髮水；牙膏。
4	工業用油及油脂；潤滑劑；灰塵吸收劑、灰塵濕潤劑及灰塵黏著劑；燃料（包括汽油）及照明用燃料；照明用蠟燭、燈芯。
5	藥品、醫療用及獸醫用製劑；醫療用衛生製劑；醫療用或獸醫用食療食品、嬰兒食品；人用及動物用膳食補充品；膏藥、敷藥用材料；填牙材料、牙蠟；消毒劑；殺蟲劑；殺真菌劑、除草劑。
6	普通金屬及其合金；金屬建築材料；可移動金屬建築物；鐵軌用金屬材料；非電氣用纜索及金屬線；鐵器、小五金；金屬管；保險箱；礦砂。
7	機器及工具機；馬達及引擎（陸上交通工具用除外）；機器用聯結器及傳動零件（陸上交通工具用除外）；非手動農具；孵卵器；自動販賣機。
8	手工用具及器具（手動式）；刀叉匙餐具；佩刀；剃刀。
9	科學、航海、測量、攝影、電影、光學、計重、計量、信號、檢查（監督）、救生和教學裝置及儀器；電力傳導、開關、轉換、蓄積、調節或控制用裝置及儀器；聲音或影像記錄、傳送或複製用器具；磁性資料載體、記錄磁碟；光碟、數位影音光碟和其他數位錄音媒體；投幣啟動設備之機械裝置；現金出納機、計算機、資料處理設備、電腦；電腦軟體；滅火裝置。
10	外科、內科、牙科與獸醫用之器具及儀器；義肢、義眼、假牙；矯形用品；傷口縫合材料。
11	照明、加熱、產生蒸氣、烹飪、冷凍、乾燥、通風、給水及衛浴設備。
12	交通工具；陸運、空運或水運用器械。
13	火器；火藥及發射體；爆炸物；煙火。
14	貴重金屬及其合金；首飾、寶石；鐘錶及計時儀器。
15	樂器。
16	紙及紙板；印刷品；裝訂材料；照片；文具；文具用或家庭用黏著劑；美術用品；畫筆；打字機及辦公用品（家具除外）；教導及教學用品（儀器除外）；包裝用塑膠品；印刷鉛字；打印塊。

商品分類	
17	未加工及半加工之橡膠、馬來樹膠、樹膠、石棉、雲母及該等材料之替代品;生產時使用之擠壓成型塑膠;包裝、填塞及絕緣材料;非金屬軟管。
18	皮革及人造皮革;動物皮、獸皮;行李箱及旅行袋;傘及遮陽傘;手杖;鞭、馬具。
19	建築材料(非金屬);建築用非金屬硬管;柏油、瀝青;可移動之非金屬建築物;非金屬紀念碑。
20	家具、鏡子、畫框;未加工或半加工之骨、角、象牙、鯨骨或珍珠母;貝殼;海泡石;黃琥珀。
21	家庭或廚房用具及容器;梳子及海綿;刷子(畫筆除外)、製刷材料;清潔用具;鋼絲絨;未加工或半加工玻璃(建築用玻璃除外);玻璃器皿、瓷器及陶器。
22	繩索及細繩;網;帳蓬、遮蓬及塗焦油或蠟之防水篷布;帆;粗布袋;襯墊及填塞材料(紙、紙板、橡膠或塑膠除外);紡織用纖維材料。
23	紡織用紗及線。
24	紡織品及紡織品替代品;床罩;桌巾。
25	衣著、靴鞋、帽子。
26	花邊及刺繡品、飾帶及辮帶;鈕扣、鈎扣、別針及針;人造花。
27	地毯、小地毯、地墊及草蓆、亞麻油地氈及其他鋪地板用品;非紡織品壁掛。
28	遊戲器具及玩具;體操及運動器具;聖誕樹裝飾品。
29	肉、魚肉、家禽肉及野味;濃縮肉汁;經保存處理、冷凍、乾製及烹調之水果及蔬菜;果凍、果醬、蜜餞;蛋;乳及乳製品;食用油及油脂。
30	咖啡、茶、可可及代用咖啡;米;樹薯粉及西谷米;麵粉及穀類調製品;麵包、糕點及糖果;食用冰;糖、蜂蜜、糖漿;酵母、發酵粉;鹽;芥末;醋、醬(調味品);調味用香料;冰。
31	農業、園藝及林業產品;未加工穀物及種子;新鮮水果及蔬菜;天然植物及花卉;活動物;動物飼料;釀酒麥芽。
32	啤酒;礦泉水與汽水及其他不含酒精之飲料;水果飲料及果汁;製飲料用糖漿及其他製劑。
33	含酒精飲料(啤酒除外)。
34	菸草;菸具;火柴。

服務分類	
35	廣告；企業管理；企業經營；辦公事務。
36	保險；財務；金融業務；不動產業務。
37	建築物建造；修繕；安裝服務。
38	電信通訊。
39	運輸；貨品包裝及倉儲；旅行安排。
40	材料處理。
41	教育；提供訓練；娛樂；運動及文化活動。
42	科學及技術性服務與研究及其相關之設計；工業分析及研究服務；電腦硬體、軟體之設計及開發。
43	提供食物及飲料之服務；臨時住宿。
44	醫療服務；獸醫服務；為人類或動物之衛生及美容服務；農業、園藝及林業服務。
45	法律服務；為保護財產或個人所提供之安全服務；為配合個人需求由他人所提供之私人或社會服務。

三、團體標章（團體商標）、證明標章有何不同？

　　團體標章是指具有法人資格的公會、協會或其他團體，為指示其會員所提供之商品或服務，並藉以與非該團體會員所提供之商品或服務相區別之標識（商標法第 88 條第 1 項），例如：扶輪社、獅子會。

　　團體商標係提供予團體會員使用，作為商品或服務源自特定團體會員的標識，所以團體商標申請人必須為以人為集合體的法人團體，自然人或公司型態不能註冊團體商標權。團體商標得額外對於商品或服務的品質、地理來源或其他特性為要求。團體商標一旦獲准註冊，團體會員就可依團體商標使用規範書所訂的條件，使用該團體商標。團體商標是由團體的會員使用例如：萬丹紅豆、公館紅棗。

　　證明標章是用以證明他人商品或服務之特性、品質、精密度、原料、製造方法、產地或其他事項之標識，由具有證明他人商品或服務能力之法人、團體或政府機關申請取得註冊，提供給符合使用規範條件的人使用於其商品或服務，並且藉以與其

他未經證明的商品或服務相區別。另有關證明產地部分，係用以證明商品或服務來自於特定地理區域，並具有特定之品質、聲譽或其他特性，亦即所證明之商品或服務的品質、聲譽或其他特性與該地理環境間必須具有相當程度的關連性。例如：CAS 臺灣有機農產品證明標章、優良服務作業規範（GSP）標章。

綜合言之，團體商標和證明標章可以按照申請人資格、申請人本身能否使用、使用型式與對象，比較分析如表 4-8 所示。

（一）申請人資格

團體商標和證明標章均是具有法人資格之公會、協會或其他團體才可以申請，而證明標章申請人需研擬證明標準（例如：使用 CAS，必須所提供之商業服務在經營管理、顧客服務過程及軟硬體設施均符合「優良服務作業規範（GSP）認證標章使用規範」之標準），且具有證明他人商品或服務能力者才得以申請。

（二）申請人本身能否使用

團體商標無明文規定，但證明標章申請人本身不得使用，以免有球員兼裁判的情況發生。

（三）使用型式與對象

團體商標僅提供會員使用，因此使用型式較為封閉；證明標章則為開放式，只要符合證明標章權人所訂定使用規範及標示條件者，皆可以使用。

表 4-8　團體商標與證明標章之比較

名稱	團體商標	證明標章
申請人資格	具有法人資格之公會、協會或其他團體。 如：農會、漁會	具有證明他人商品或服務能力之法人、團體或政府機關。 如：中華民國綠建築標章
申請人本身能否使用	無明文規定限制申請人本身使用	申請人本身不能使用

名稱	團體商標	證明標章
使用對象	封閉式： 僅提供其會員使用	開放式： 只要符合證明標章權人所訂定使用規範及標示條件者，皆可要求使用該證明標章。 證明標章權人應允許符合條件的人申請使用。

資料來源：作者整理。

四、商標申請流程

以下對於商標申請流程進行說明，並請參見圖 4-20。

（一）核准流程

商標提出申請後、經過程序審查，然後進行實體審查。若經核准則通知繳納註冊費，如期繳納則公告註冊，隨後核發註冊證明；但若未繳交註冊費用，則審定失效。

（二）公告註冊

公告註冊期間為 3 個月，期間若無人提起異議，則成為註冊商標。

（三）核駁之訴願

商標申請人可在核駁或不服處分的 30 日內，向經濟部提起行政程序的訴願，以下有四種情況商標申請可能被核駁：

1. 實體審查

表示申請商標不具識別性，所以被審查官核駁。

2. 提出異議

利害關係人在公告註冊後，3 個月內可以提出異議，然後經智慧財產局審定後，被處分撤銷商標。

3. **申請評定**

公告註冊期間為 3 個月，期間若無人提起異議，則成為註冊商標。

4. **申請廢止**

商標繼續不使用超過 3 年，任何人依我國商標法第 63 條提起廢止，成立後處分撤銷。

（四）訴願核駁之行政訴訟

商標申請人可在經濟部駁回訴願的 2 個月內，向智慧財產法院提起行政訴訟第一審。

（五）商標申請上訴審

商標申請人可在智慧財產局駁回訴訟的 20 日內，向最高行政法院提起行政訴訟上訴審。但最終是二審定讞，因此到此階段就會最終判定。

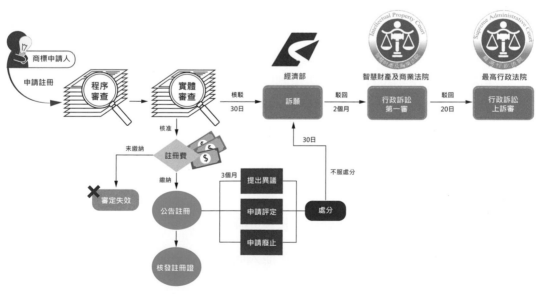

圖 4-20　中華民國商標申請流程。

4-8 案例與討論

Case 1：商標效力的例外 —— 善意先使用

　　X 於民國 100 年在新竹的中華大學附近開了一家餐廳，取名為「翹鬍子餐廳」，但因沒有商標權的概念，並未向經濟部智慧財產局申請商標。另外，位處臺北的 Y 於民國 110 年以「翹鬍子」申請商標註冊獲准，指定商品服務類別為「043 餐廳」，並且用該商標名稱經營餐廳。某日 Y 前往中華大學參訪時，發現 X 所經營的「翹鬍子」餐廳存在，於是向 X 發出律師函，主張本身是「翹鬍子」的商標權利人，要求 X 停止使用「翹鬍子」經營餐廳，請問 X 應如何處理？

| 案例解析 |

1. 我國商標法規定商標權的取得以註冊為要件，經過審核許可的註冊商標才能獲得商標法的保護。然而，商標貴在使用，為了尊重先使用商標的事實，因此商標法另設置善意先使用制度，使得先使用商標者得以繼續使用，以達到註冊保護主義與善意使用者權利平衡的效果。但是，先使用商標者的繼續使用行為不得任意擴大，只能以原有的商品或服務為限，並賦予商標權人得要求先使用商標者附加區別標示，以免消費者受到混淆（商標法第 36 條第 1 項第 3 款）。

2. 善意先使用是一項很常見的商標侵權抗辯事由，該事由的適用須符合以下條件：

    (1) 使用在先的事實必須發生在他人商標申請註冊日之前，且繼續使用情形未中斷。

    (2) 先使用者必須是善意，非出於不正競爭目的，若明知他人商標使用在先，而為攀附他人已建立之商譽，縱然使用在他人商標註冊申請日前，亦不構成善意先使用。

(3) 以原使用的商品或服務為限。

(4) 商標權人可以要求在先使用商品應附加適當區別標示，使其在特定條件下使用，始能產生免受他人商標專用權干涉之效果。

在上述條件完全具備的前提下，就算是商標權人受到專用權的保護，但是先使用者仍可以主張「善意先使用」，得豁免於商標侵權的控訴。

3. 在本案例中，X 應符合「善意先使用」的情形，因為在 Y 的「翹鬍子」商標註冊前，X 就已經以「翹鬍子」名稱經營餐廳，並持續經營多年未中斷，且 X 使用翹鬍子的目的並非出於攀附 Y 已建立出來的商譽，因此在 X 以餐廳經營為使用範圍的前提下，得對 Y 所主張的商標侵權以「善意先使用」為由予以抗辯；然而，為了避免兩家「翹鬍子餐廳」同時存在造成消費者混淆，Y 可以要求 X 對於餐廳名稱附加區別標示，例如：「X 的翹鬍子餐廳」、「翹鬍子 X 餐廳等」。

Case 2：商標廢止

知悉他人將申請廢止後才開始使用商標，是否可排除構成廢止原因

A 小姐在民國 100 年間以 Skyflower 的文字與圖樣取得商標註冊，但是多年來 A 小姐並未使用該註冊商標，B 先生知悉此情後在民國 110 年 8 月向經濟部智慧財產局申請廢止該商標，A 小姐在商標廢止的審查期間內，提出 110 年 6 月間的商品型錄、客戶出貨單、發票等資料證據有使用該商標的事實，請問，審查機關應否廢止該商標（本案例改編自智慧財產法院 107 年度行商訴字第 50 號行政判決）？

| 案例解析 |

1. 依商標法第 63 條規定，商標權人在申請註冊後，有使用註冊商標的義務，若有連續 3 年以上未使用、僅使用其中一部分或變換加附記使用商標，將使註冊商標遭到廢止。該項規定的立法目的在於考量商標仍須透過實際使用，才得以真正使相關消費者認識商標與商品或服務之連結，商標法為彌補註冊主義之不足，因此設置未使用或停止使用滿 3 年即應廢止商標的補充制度，以表彰商標的存在價值。

2. 無正當理由未使用或停止繼續使用是否構成「已滿 3 年」，應以申請廢止日為判斷基準，商標權人要證明自己在他人申請廢止前 3 年內有使用商標的事實，所提出的證據就必須標示日期，而且該日期應該在申請廢止日前 3 年內。

3. 廢止申請人在著手調查商標權人使用狀況時，有可能驚動商標權人，而使其臨時製造商標的使用證據，希望以此維護商標的存在與權利；但是此種規避法律的行為，根本無保護該商標的必要，因此商標法第 63 條第 3 項規定「有第 1 項第 2 款規定之情形，於申請廢止時該註冊商標已為使用者，除因知悉他人將申請廢止，而於申請廢止前 3 個月內開始使用者外，不予廢止其註冊」。亦即，如果商標權人知悉他人將申請廢止，才在申請廢止前三個月內開始使用者，即使有商標使用之事實，商標仍應予以廢止。

4. 在本案例中，雖然 A 小姐有提出 110 年 6 月間的商品型錄、客戶出貨單、發票等資料證據有使用該商標的事實，但是由於 A 小姐僅能舉證申請廢止前 3 個月內開始使用商標，可判斷其目的僅在於為避免商標遭廢止，此規避法律之行為，自毋庸保護，因此該商標仍應予以廢止。

延伸思考

1. 相較於我國商標法採行註冊保護主義（First to Register），美國法則採用使用主義（First to Use），此二者法律制度有何差異？
2. 在採取註冊主義的國家，為了避免商標登記所產生的弊端，通常會採取何種措施緩衝商標登記的絕對效力？

參考資料

1. 經濟部智慧財產局商標主題網 https://topic.tipo.gov.tw/trademarks-tw/cp-517-860254-e182d-201.html。

第 1 章

第 2 章

第 3 章

第 4 章

第 5 章

第 6 章

第 7 章

第 8 章

第 9 章

第 10 章

腦力激盪

1. 法律規定保護商標註冊取得專用權的用意與目的為何？是智慧財產權的保護還是維護市場公平競爭？

2. 判斷商標類似或混淆標準為何？有無確定判斷基準？

第5章

著作權法

「所謂大師，就是這樣的人：他們用自己的眼睛去看別人見過的東西，在別人司空見慣的東西上能夠發現出美來。」

——奧古斯特·羅丹（Auguste Rodin）

著作權是智慧財產權中重要的一環。從日常的校園教科書影印、師生的藝術創作、使用合法／盜版軟體或欣賞電影院的賣座電影都和著作權息息相關，卻也是最常發生疑問和糾紛的部分。本章將為讀者介紹著作權法基本概念、著作權保護要件與客體、變動、合理使用之判斷標準，以及著作權之侵害與救濟，延伸進階應用與管理實務經驗分享，並透過課後練習來驗證學習成效。

全國法規
資料庫 –
著作權法

5-1 著作權法發展

第 1 章
第 2 章
第 3 章
第 4 章
第 5 章
第 6 章
第 7 章
第 8 章
第 9 章
第 10 章

回顧全球著作權法的發展史，世界上第一部著作權法是從 1709 年安妮法案（The Statute Of Anne）的通過開始，而中華民國的著作權法則最早於 1928 年由國民政府頒布。1971 年的伯恩公約（Berne Convention）、1994 年 WTO 與貿易有關之智慧財產權（Trade-Related Aspects of Intellectual Property Rights，簡稱 TRIPS）以及 1996 年的世界智慧財產組織（The World Intellectual Property Organization，簡稱 WIPO）的著作權條約（WIPO Copyright Treaty，簡稱 WCT），都是對於著作權保護的重要相關規定。其中伯恩公約提及著作權保護中最重要的四大原則為：國民待遇原則、最低限度保護原則（依據各成員國國內法）、自動保護原則及獨立保護原則（著作人權利享有與行使，應獨立於著作源流國既存之保護規定）。

在不同國家，主管著作權法的機關也不盡相同，如：日本和韓國由文化教育相關單位主管，美國由國會下國會圖書館設著作權局來管轄，澳洲由法務部業管，我國則由經濟部智慧財產局來主管著作權法相關業務。

我國歷經多次的修法，近期也將因為時代的變化快速，數位科技及網路的高度發展而大幅修法，著作權法部分條文修正草案將為近 20 年來最大幅度的調整，內容包括「公開播送」定義，合理使用等情境（如 2021 年後修法將增訂學校遠距教學的合理使用，以落實數位時代的教育政策；圖書館等典藏機構於適當限制下，提供讀者於館內線上閱覽；美術館典藏文化資產可提供民眾瀏覽並告知典藏在哪個機構，增訂典藏機構指引著作）；著作權集體管理團體條例則針對審查、治理、監督提出大規模修法。

學校遠距教學的合理使用

依現行著作權法第 46 條規定，學校授課對於他人已公開發表的著作權，利用方式僅限於允許重製；此次修法草案，為因應課堂教學具有重大公益性質，除原有的「重製」外，爰將利用態樣擴大至「改作、散布、公開演出、公開上映以及再公開傳達」，故往後教師於課堂上得以分享的資源，必將更為多元。

5-2 著作權保護要件與客體

一、何謂著作權

著作權（Copyright）是指法律所賦予著作人對於其「所創作的著作的所有權利」保護，著作權屬於世界智慧財產組織（WIPO）的著作權條約（WCT）中所提到的「**文學、藝術及科學之著作**」及「演藝人員之演出、錄音物以及廣播」的部分，也是智慧財產權的其中一種。

著作權法乃為保障著作人著作權益，調和社會公共利益，促進國家文化發展。我國著作權法採行創作保護主義者，即著作人於完成時，得享有著作權而受著作權法之保護，毋庸履行登記或註冊之手續，故又稱創作自動保護主義[1]。但亦有例外情形，如製版權[2]採登記保護主義[3]。

早期由於著作主要的商業利用來自於出版，因此，亦稱為「**版權**」，時至今日我們仍可看到「版權所有‧翻印必究」的字樣。而「著作」則是指屬於文學、科學、藝術或其他學術範圍之創作。我們可以說「著作權」是智慧財產權領域中，用以保護「文藝性」創作或者是文化創作的主要方式，這也是著作權與其他智慧財產權的不同之處。舉例來說，一種符合人體工學的無線滑鼠，由於是屬於「實用性」的精神創作，不是「文藝性」，因此，不會以著作權來保護，比較適合的方式是以「專

第1章
第2章
第3章
第4章
第5章
第6章
第7章
第8章
第9章
第10章

利權」的方式來保護；而張大千先生的水墨畫（如圖 5-1）、《哈利波特》小說等文藝性質濃厚的創作，就會以著作權來保護。

圖 5-1　張大千的潑彩山水畫。

1. 創作自動保護主義

著作權法第 10 條規定：著作人於著作完成時享有著作權。但本法另有規定者，從其規定。

2. 製版權

係無著作財產權或著作財產權消滅之文字著述或美術著作，經製版人就文字著述整理印刷，或就美術著作原件以影印、印刷或類似方式重製首次發行，並依法登記者，製版人就其版面，專有影印、印刷或類似方法重製之權利（著作權法第 79 條）。

3. 登記保護主義

著作權法第 79 條第 1 項規定：無著作財產權或著作財產權消滅之文字著述或美術著作，經製版人就文字著述整理印刷，或就美術著作原件以影印、印刷或類似方式重製首次發行，並依法登記者，製版人就其版面，專有以影印、印刷或類似方式重製之權利。

近年來則因為區塊鏈（Block Chain）鑑定認證技術的興起，讓藝術品或數位創作價格得以飆漲。可見「非同質化代幣」（Non-Fungible Token，NFT）的新型數位資產的火熱程度。作品藉由區塊鏈技術鑑定認證，也就是以區塊鏈為數位簽名，來確認誰擁有這件作品及作品的真偽，也讓藝術創作權益多了新的保護方式。例如 2021 年 3 月 11 日，佳士得（Christie's）運用爆紅的區塊鏈應用技術「NFT」，以 6,934 萬 6,250 美元（約新臺幣 19.5 億元）的天價售出美國數位藝術大師 Beeple 的加密作品《日復一日：最初的 5,000 個日子》震驚全球（如圖 5-2）。

依據我國著作權法的定義，著作權是指著作完成所衍生的著作人格權（Moral Rights）及著作財產權（Economic Rights）兩大部分，其中又牽涉各種不同的權利，統整架構如圖 5-3 並說明如下。

圖 5-2　數位圖檔作品《日復一日：最初的 5,000 個日子》（Everydays：The First 5,000 Days）。

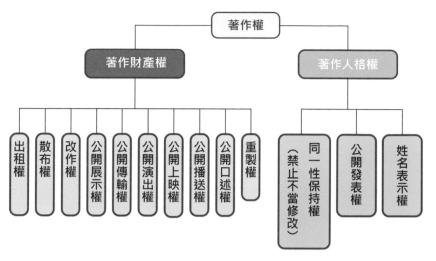

圖 5-3　著作權各種權利名稱之架構圖示。

1. **著作人格權**

係著作人基於其著作人之資格，為保護其名譽、聲望及其人格利益，在法律上享有之權利。具有 (1) 專屬性及不可讓渡性；(2) 永久保護性（不因死亡或消滅而滅失）等兩大特質。權利種類包括：

(1) 公開發表權：著作人完成著作後，有決定公開發表其著作與否的權利，任何人不得違反作者意願公開發表其著作；然而著作在著作人同意下已公開發表後，就不能再禁止著作公開發表，因為這時候著作已經成為「已公開發表」的著作，不得再行主張公開發表權的保護（著作權法第 15 條）。

(2) 姓名表示權：著作人有權決定以本名、筆名或匿名發表著作或衍生著作。但是若依著作利用目的及方法，對於著作人的利益無損害的情況下，且不違反社會使用慣例者，得省略著作人姓名或名稱，例如：在影音媒體播放廣告時，很難在有限的時間和版面表明所使用背景音樂的作曲者姓名，這時候省略作者姓名，並不會認為是侵害姓名表示權（著作權法第 16 條）。

(3) 禁止不當修改權：著作人有保持著作完整性及同一性的權利，任何人不得以歪曲、割裂、竄改或其他方法改變其著作的內容、形式或名目。

但是考量在現代著作大量商業利用的情形，若嚴格執行此項權利的保護，將會使取得著作財產權的受讓人或利用人，無法自由變更、修改著作，以符合實際需求，將嚴重減損著作的商業交易價值，因此不當變更禁止的保護前提，必須在所變更或修改已經侵害到著作人的名譽時，才能夠允許著作人行使權利（著作權法第 17 條）。

2. **著作財產權**

係指著作人或依法取得著作權上的財產權力之人對屬於文學、科學、藝術或其他學術範圍之創作，享有獨占利用與處分之類似物權的權利。因此，著作財產權具有經濟價值與排他性之權利。種類包括：重製權、公開口述權、公開播送權、公開上映權、公開演出權、公開傳輸權、公開展示權、改作權、散布權及出租權（著作權法第 22 ～ 29 條）等。著作財產權名稱與市場用途說明如表 5-1。

表 5-1　著作財產權名稱與用途

著作財產權	常見市場用途
(1) 重製權	例如：複製出版教科書、拷貝 DVD 等。
(2) 公開口述權	例如：名人演講、講師授課等。
(3) 公開播送權	例如：以廣播、電視等方式播送作品。
(4) 公開上映權	例如：電影院播放電影、遊覽車播放影片光碟。
(5) 公開演出權	例如：舉辦演唱會、音樂會、舞蹈表演，或在百貨公司播放音樂。
(6) 公開傳輸權	例如：在 YouTube 平臺傳送流行歌手音樂 MV。
(7) 公開展示權	例如：將未發表之藝術品或攝影作品舉辦畫展或攝影展。
(8) 改作權	例如：翻譯英文書籍、將《哈利波特》小說改編成電影。
(9) 散布權	例如：將創作作品出售或贈與所有權。
(10) 出租權	例如：著作權人有權從出租其著作的人那裡獲取一定比例的酬金，該報酬通稱出租權利金，租金的收取往往是通過版稅徵收協會來實現的。

資料來源：作者整理。

補充資料

鄰接權

係在重製或傳播他人作品時所產生之權利,這些作品無原創性,或僅有較低的原創性(例如錄製歌曲上傳 YouTube、將流行音樂透過廣播傳送等),原則上無法構成獨立著作而加以保護,但是如果這類創作對於文化推展及傳播具有貢獻,法律就應該給予相當程度的保護,只是保護密度不如原創性著作,因此對表演人之權利、錄音物製作人之權利及廣播機構之權利創作所給予的保護,稱為「著作鄰接權」。國際上普遍承認三種著作鄰接權:「表演」、「錄音物」、「廣播機構的廣播」,但是我國著作權法所承認的著作鄰接權僅有「表演」,規定於著作權法第 7 條之 1:「表演人對既有著作或民俗創作之表演,以獨立之著作保護之」,對於廣播機構未提供著作鄰接權的保護,錄音物則以一般著作保護(須具有原創性)。

案例

大學生偷拍《鬼滅之刃—無限列車篇》電影遭送警局

臺灣某大學生於電影院內偷拍由木棉花公司所代理之 2020 年日本賣座動畫電影《鬼滅之刃—無限列車篇》(圖 5-4),被移送警察局法辦。

圖 5-4 日本動畫電影《鬼滅之刃—無限列車篇》。

問題思考

大谷為日本漫畫著作之著作財產權人,小花就大谷之日文原著作翻譯成中文,榕耀國際公司為漫畫出版商,欲取得出版權,請問榕耀國際公司如何取得中文版之出版權?

第 1 章
第 2 章
第 3 章
第 4 章
第 5 章
第 6 章
第 7 章
第 8 章
第 9 章
第 10 章

二、著作之類型

（一）一般著作

著作權法中對於著作人的著作（著作權法第 5 條）保障之類型，包括：語文著作、音樂著作、戲劇、舞蹈著作、美術著作、攝影著作、圖形著作、視聽著作、錄音著作、建築著作、電腦程式著作等。

1. 語文著作：包括詩、詞、散文、小說、劇本、學術論述、演講及其他之語文著作。

2. 音樂著作：包括曲譜、歌詞及其他之音樂著作。

3. 戲劇、舞蹈著作：包括舞蹈、默劇、歌劇、話劇及其他之戲劇、舞蹈著作。

4. 美術著作：包括繪畫、版畫、漫畫、連環圖（卡通）、素描、法書（書法）、字型繪畫、雕塑、美術工藝品及其他之美術著作。

5. 攝影著作：包括照片、幻燈片及其他以攝影之製作方法所創作之著作。

6. 圖形著作：包括地圖、圖表、科技或工程設計圖及其他之圖形著作。

7. 視聽著作：包括電影、錄影、碟影、電腦螢幕上顯示之影像及其他藉機械或設備表現系列影像，不論有無附隨聲音而能附著於任何媒介物上之著作。

8. 錄音著作：包括任何藉機械或設備表現系列聲音而能附著於任何媒介物上之著作。但附隨於視聽著作之聲音不屬之。

9. 建築著作：包括建築設計圖、建築模型、建築物及其他之建築著作。

10. 電腦程式著作：包括直接或間接使電腦產生一定結果為目的所組成指令組合之著作。

（二）特殊著作

特殊著作（著作權法第 6 ～ 8 條）包括衍生著作、編輯著作、共同著作和表演著作。

1. 衍生著作（著作權法第 6 條）：以翻譯、編曲、改寫、拍攝影片或其他方法就原著作另為創作。如：華特・艾薩克森（Walter Isaacson）將其所著 Steve Jobs 一書（圖 5-5）授權天下文化公司翻譯成《賈伯斯傳》。

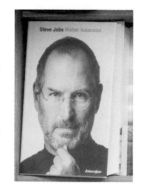

圖 5-5 Walter Isaacson 所著作的《Steve Jobs》。

2. 編輯著作（著作權法第 7 條）：就資料之選擇及編排具有創作性者。如：將報紙中連載漫畫加以收集、分類編輯成書。

3. 共同著作（著作權法第 8 條）：二人以上共同完成之著作，其各人之創作，不能分離利用者。

4. 表演著作（著作權法第 7-1 條）：表演人對既有著作或民俗創作之表演，以獨立之著作保護之。

（三）不得為著作權之標的

根據著作權法（著作權法第 9 條），下列各款不得為著作權之標的：

1. 憲法、法律、命令或公文（如法院判決書）。

2. 中央或地方機關就前款著作作成之翻譯物或編輯物（如內政部所編之內政法令解釋彙編）。

3. 標語及通用之符號、名詞、公式、數表、表格、簿冊或時曆（如醉不上道、平安回家）。

4. 單純為傳達事實之新聞報導所作成之語文著作（但不包括報導所引用之照片或圖片）。

5. 依法令舉行之各類考試試題及其備用試題（但如托福考試非本國法令考試，自屬著作權保護標的）。

前項第一款所稱公文，包括公務員於職務上草擬之文告、講稿、新聞稿及其他文書。

第 1 章
第 2 章
第 3 章
第 4 章
第 5 章
第 6 章
第 7 章
第 8 章
第 9 章
第 10 章

三、著作權保護要件

要受到著作權法保護[4]，首先需為文學、藝術及科學之著作。著作權法其保障所謂的著作權有下列五大要件：

1. 著作已完成：著作權在作品完成時即產生著作權的保護，不需要經過註冊、登記，有無「版權所有、翻印必究」等聲明文字並不影響著作權的有效性，至多僅對他人發出侵權禁止的提醒作用。

2. 具有原創性（Originality）：需為獨立創作＋最低程度創作，只要不是單純抄襲或模仿他人之作品，而能表現作者特性即可能具有原創性。

3. 具有獨特性：須足以表現出創作者之『個性』及『獨特性』，始有給與排他性著作權利保護之必要。作品如非著作人獨立創作之結果，而屬習見之圖（造）形或抄襲重製得來，即非以個別獨具之創意表現於外，應無原創性可言。

4. 人類精神之創作：若訓練動物作畫唱歌，所為的創作非受保護之客體，主人亦無法享有著作權。

5. 必須具有一定之表現形式：概念、理論之思想或感情本身，尚不足以成為「著作」，必須對外有一定形式之「表達」。例如，以文字、言語或音、色等形式具體的為外部之表達（Expression），始足以成為著作，而成為著作權之客體。而不及於其所表達之思想、程序、製程、系統、操作方法、概念、原理、發現（著作權法第 10 條）。

註 解

4. 著作權保護

我國著作權法在民國 17 年立法之初，對著作權採取註冊保護原則，必須經過登記程序才能取得著作權，由於註冊保護原則對於著作權保護產生諸多爭議，為完善保護機制，民國 74 年修法後改採自然發生主義，參見著作權法第 10 條：「著作人於著作完成時享有著作權。但本法另有規定者，從其規定」。

補 充 資 料

不受著作權保護之情形

　　基於社會公益之考量，某些創作雖符合著作之要件，仍無法以著作權加以保護，例如：身心障礙族群對於資訊掌控能力較為薄弱，如能利用他人著作，則可以使身心障礙者易於尋求所需資訊，協助身心障礙者投入社會，因此，著作權法第 53 條規定：中央或地方政府機關、非營利機構或團體、依法立案之各級學校，為專供視覺障礙者、學習障礙者、聽覺障礙者或其他感知著作有困難之障礙者使用之目的，得以翻譯、點字、錄音、數位轉換、口述影像、附加手語或其他方式利用已公開發表之著作。

問 題 思 考

　　小賴辛苦一年終於完成《智慧財產權概論》之著作，其尚未對外發表或出版，小賴將該著作權置於桌面，小張趁小賴外出時，將該著作取走，小張未經小賴同意而擅自出版，試問小賴是否得主張著作權受侵害？

四、著作權之存續期間

　　著作權法在著作財產權上之存續期間也訂有相關規定，說明如下：

（一）著作人格權

　　著作人死亡或消滅者，關於其著作人格權之保護，視同生存或存續，任何人不得侵害。但依利用行為之性質及程度、社會之變動或其他情事可認為不違反該著作人之意思者，不構成侵害（著作權法第 18 條）。

　　簡而言之，著作人格權是永久存在，屬於著作人（原創者），不可以讓與或繼承（著作權法第 21 條）。

（二）著作財產權（著作權法第 30～ 35 條）

1. 自然人：存續於著作人之生存期間及其死亡後 50 年。
2. 共同著作：存續至最後死亡之著作人死亡後 50 年。

3. 別名或不具名著作：存續至著作公開發表後 50 年。

4. 法人：存續至其著作公開發表後 50 年。

5. 攝影、視聽、錄音及表演之著作：存續至著作公開發表後 50 年。

著作財產權期間屆滿後，著作權則歸屬於公共資產，任何人均得利用，著作權人不再享有著作權的獨占（著作權法第 43 條）。

五、著作權之權利歸屬

依照《著作權法》，無論是單一著作或是共同著作等行為，對於所創作的成果，其著作人應該也是著作權人，但是會因為不同的生產關係而將二者分開為不同人，促使二者區分開來的主要原因，就是因為出資人雇用（或是委託聘用）創作人進行創作等因素，而產生不同的權利關係。

（一）僱傭關係（雇用）

受雇人於職務上完成之著作，以該受雇人為著作人。但契約約定以雇用人為著作人者，從其約定。此外，以受雇人為著作人者，其著作財產權歸雇用人享有。但契約約定其著作財產權歸受雇人享有者，從其約定（著作權法第 11 條）。

一般有以下四種狀況之一，就有機會認定是職務上的創作：

1. 上班時間（工作時間）。

2. 利用公司資源（使用公司的儀器、設備）。

3. 接受上級指示（公司主管要求的工作項目）。

4. 與職務相關。

（二）聘用關係（出資）

出資聘請他人完成之著作，除上述雇用情形外，以該受聘人為著作人。但契約約定以出資人為著作人者，從其約定。以受聘人為著作人者，其著作財產權依契約約定歸受聘人或出資人享有。未約定著作財產權之歸屬者，其著作財產權歸受聘人享有。如著作財產權歸受聘人享有者，則出資人得利用該著作（著作權法第 12 條）。

5-3 著作權之變動

根據著作權法（著作權法第 36、37、39、40、42 條）規定，著作財產權的變動主要包括讓與、授權、權利行使及消滅。

（一）著作財產權之讓與（著作權法第 36 條）

1. 著作財產權得全部或部分讓與他人或與他人共有。

2. 著作財產權之受讓人，在其受讓範圍內，取得著作財產權。

3. 著作財產權讓與之範圍依當事人之約定；其約定不明之部分，推定為未讓與。

（二）著作財產權之授權（著作權法第 37 條）

1. 著作財產權人得授權他人利用著作，其授權利用之地域、時間、內容、利用方法或其他事項，依當事人之約定；其約定不明之部分，推定為未授權。

2. 前項授權不因著作財產權人嗣後將其著作財產權讓與或再為授權而受影響。

3. 非專屬授權之被授權人非經著作財產權人同意，不得將其被授與之權利再授權第三人利用。

4. 專屬授權之被授權人在被授權範圍內，得以著作財產權人之地位行使權利，並得以自己名義為訴訟上之行為。著作財產權人在專屬授權範圍內，不得行使權利。

5. 第二項至前項規定，於中華民國九十年十一月十二日本法修正施行前所為之授權，不適用之。

6. 有下列情形之一者，不適用第七章規定。但屬於著作權集體管理團體管理之著作，不在此限：

(1) 音樂著作經授權重製於電腦伴唱機者,利用人利用該電腦伴唱機公開演出該著作。

(2) 將原播送之著作再公開播送。

(3) 以擴音器或其他器材,將原播送之聲音或影像向公眾傳達。

(4) 著作經授權重製於廣告後,由廣告播送人就該廣告為公開播送或同步公開傳輸,向公眾傳達。

(三)著作財產權設定質權(著作權法第 39 條)

以著作財產權為質權之標的物者,除設定時另有約定外,著作財產權人得行使其著作財產權。

(四)共同著作之權利行使(著作權法第 40 條)

1. 共同著作各著作人之應有部分,依共同著作人間之約定定之;無約定者,依各著作人參與創作之程度定之。各著作人參與創作之程度不明時,推定為均等。

2. 共同著作之著作人拋棄其應有部分者,其應有部分由其他共同著作人依其應有部分之比例分享之。

3. 前項規定,於共同著作之著作人死亡無繼承人或消滅後無承受人者,準用之。

(五)著作財產權之消滅(著作權法第 42 條)

著作財產權因存續時間屆滿而消滅。

1. 著作財產權人於權利存續期間內死亡,其著作權依法應歸屬**國庫**者。

2. 著作財產權人為法人,其於權利存續期間內消滅,而著作財產權依法應歸屬於**地方自治團體**者。

5-4 合理使用之判斷標準

　　著作財產權在使用上也有所限制，合理使用（fair use）之判斷標準，可利用下列四點作為評判之標準：(1) 利用之目的及性質、(2) 著作之性質、(3) 所利用之質量及其在整個著作所占之比例及 (4) 利用結果對著作潛在市場與現在價值之影響（請參見著作權法第 65 條第 2 項規定）。

　　而合理使用之樣態，通常有下列幾項之目的：

（一）政府機關運用之目的

　　中央或地方機關，因立法或行政目的所需，認有必要將他人著作列為內部參考資料時，在合理範圍內，得重製他人之著作。但依該著作之種類、用途及其重製物之數量、方法，有害於著作財產權人之利益者，不在此限（著作權法第 44 條）。

（二）基於教育之目的

　　依法設立之各級學校及其擔任教學之人，為學校授課需要，在合理範圍內，得重製他人已公開發表之著作。依法設立之各級學校或教育機構，為教育目的之必要，在合理範圍內，得公開播送他人已公開發表之著作（著作權法第 45 條）。

（三）提升或展示藝文之目的

　　供公眾使用之圖書館、博物館、歷史館、科學館、藝術館或其他文教機構，於下列情形之一，得就其收藏之著作重製之（著作權法第 48 條）：

1. 應閱覽人供個人研究之要求，重製已公開發表著作之一部分，或期刊或已公開發表之研討會論文集之單篇著作，每人以一份為限。

2. 基於保存資料之必要者。

3. 就絕版或難以購得之著作，應同性質機構之要求者。

（四）基於學術研究之目的

中央或地方機關、依法設立之教育機構或供公眾使用之圖書館，得重製下列已公開發表之著作所附之摘要（著作權法第 48-1 條）：

1. 依學位授予法撰寫之碩士、博士論文，著作人已取得學位者。

2. 刊載於期刊中之學術論文。

3. 已公開發表之研討會論文集或研究報告。

（五）基於資訊自由流通（如時事報導）

以廣播、攝影、錄影、新聞紙、網路或其他方法為時事報導者，在報導之必要範圍內，得利用其報導過程中所接觸之著作（著作權法第 49 條）。

（六）非營利目的之利用

供個人或家庭為非營利之目的，在合理範圍內，得利用圖書館及非供公眾使用之機器重製已公開發表之著作（著作權法第 51 條）。

（七）電腦程式之修改或重製

合法電腦程式著作重製物之所有人得因配合其所使用機器之需要，修改其程式，或因備用存檔之需要重製其程式。但限於該所有人自行使用。前項所有人因滅失以外之事由，喪失原重製物之所有權者，除經著作財產權人同意外，應將其修改或重製之程式銷燬之（著作權法第 59 條）。

問 題 思 考

教科書影印後自用

中華大學劉同學拿張老師寫的《創新與創業管理》教科書影印給自己用（圖 5-6），主要是為了學習創新創業教育之目的，並未有販賣給其他同學來謀取利潤的行為，這樣是否屬於合理使用的範疇？

圖 5-6 《創新與創業管理》。

第 1 章
第 2 章
第 3 章
第 4 章
第 5 章
第 6 章
第 7 章
第 8 章
第 9 章
第 10 章

問 題 思 考

近年來流行許多網路 YouTuber 藉由幾分鐘精華介紹，讓忙碌的民眾可以利用簡短幾分鐘就能看完一部電影，如谷阿莫拍的「X 分鐘看完電影系列短片」。2017 年 4 月片商終於按耐不住，狀告谷阿莫侵害著作權，谷阿莫則發影片以「二次創作」回擊。谷阿莫的影片正凸顯著作權很難定義「合理使用的範圍」。您認為谷阿莫 X 分鐘看電影，到底有沒有侵害著作權呢？

5-5
著作權之侵害與救濟

著作權人或製版權人對於侵害其權利者，得請求排除之，有侵害之虞者，得請求防止之。一般可尋求民事救濟、刑事責任追究及行政處分等方式處理（如表5-2～5-4）。

表 5-2　著作權侵害之民事救濟

民事救濟	法條依據	說明
損害賠償請求權	著作權法第 85 條第 1 項、第 88 條第 1 項	過失責任主義，損害著作人格權得請求非財產上之損害
損害賠償之計算	著作權法第 88 條第 2 項、第 3 項	具體損害計算說、差額說、總利益說、總銷售額說、酌定賠償額說
禁止侵害請求權	著作權法第 84 條	無過失責任主義，分為排除侵害與防止侵害請求權
回復名譽請求權	著作權法第 85 條第 2 項、第 89 條	(1) 表示著作人之姓名或名稱、更正內容或為其他回復名譽之適當處分 (2) 判決書全部或一部登報
銷燬請求權	著作權法第 88 條之 1	無過失責任主義

資料來源：作者整理。

表 5-3　著作權侵害之刑事責任

刑事責任	法條依據
重製罪	著作權法第 91 條
侵害散布罪	著作權法第 91-1 條
侵害重製罪以外之專有權	著作權法第 92 條
侵害著作人格權	著作權法第 93 條第 1 款
違反音樂強制授權罪	著作權法第 93 條第 2 款
視為侵害著作權罪	著作權法第 93 條第 3 款
提供網路侵害著作權罪	著作權法第 93 條第 4 款
違反過渡條款罪	著作權法第 95 條
違反合理使用罪	著作權法第 96 條
破壞權力管理電子資訊罪	著作權法第 96-1 條
沒收、沒入、銷燬	著作權法第 98 條、第 98-1 條
判決書登報	著作權法第 99 條

表 5-4　著作權侵害之行政責任

行政處分	法條依據
停止行為、命令停業或勒令歇業	著作權法第 97-1 條： 事業以公開傳輸之方法，犯第 91 條、第 92 條及第 93 條第 4 款之罪，經法院判決有罪者，應即停止其行為；如不停止，且經主管機關邀集專家學者及相關業者認定侵害情節重大，嚴重影響著作財產權人權益者，主管機關應限期一個月內改正，屆期不改正者，得命令停業或勒令歇業。

資料來源：作者整理。

（一）著作權侵害認定判斷標準

　　司法實務上對於構成侵害著作權的「抄襲」與否的判斷標準，除了依著作權法第 44 至 65 條規定的合理使用外，法院亦以「內容是否實質相似」及「有無接觸可能」二個要件作為衡量依據（請參照智慧財產法院 104 年度民著上易字第 15 號民事判決）。「實質相似」是要需要確認被指控侵權的著作內容與原告主張著作有無

雷同，「接觸」則是要判斷被告有沒有可能在創作前接觸過原告作品。因此，涉嫌抄襲的著作若具有與他人著作內容有所相似、創作前有「接觸」他人著作的可能、非合理使用他人著作，即構成違反著作權法侵害他人著作的行為。

（二）著作權侵害行為消滅時效

著作權法第 89-1 條規定，第 84 條及第 88 條之損害賠償請求權，自請求權人知有損害及賠償義務人時起 2 年間不行使而消滅。自有侵權行為時起，逾 10 年者亦同。

（三）以光碟重製販賣散布加重刑責所引發的違憲疑慮

上述違反著作權法的刑事責任，原則上都是告訴乃論之罪[1]，必須要被害人或是告訴權人在知悉犯罪行為後 6 個月以內提告，才會使檢察官偵查起訴、法院進行審理判決，如果超過時效就無法提告[2]。但是，著作權法第 100 條但書規定，涉及以「光碟」重製或販賣散布的情形，則是屬於非告訴乃論之罪，不需要告訴人提起告訴，即可開啟偵查、審判司法訴追程犯罪，法定刑度也比一般重製散布罪的法定刑度較高[3]。

註解

1. 著作權法第 100 條規定：本章之罪，須告訴乃論。但犯第 91 條第 3 項及第 91-1 條第 3 項之罪，不在此限。

2. 刑事訴訟法第 237 條規定：告訴乃論之罪，其告訴應自得為告訴之人知悉犯人之時起，於六個月內為之。

3. 著作權法第 91 條第 1 項規定的重製罪，法定刑是 3 年以下有期徒刑、拘役、罰金。若是意圖銷售或出租而重製的話，第 2 項規定將法定刑調高為 6 月以上 5 年以下有期徒刑，得併科罰金。若以重製於「光碟」方法來犯第 2 項的罪（意圖銷售或出租而重製）的話，第 3 項規定併科罰金的法定刑再調高。此外，著作權法第 91-1 條第 3 項規定，犯前項之罪（散布或公開陳列持有侵害著作權重製物），其重製物為「光碟」，法定刑責也比非光碟相對提高，可處 6 月以上 3 年以下有期徒刑，得併科罰金。

針對立法者以「光碟」作為區分手段，將法定刑調高，並且作為告訴與非告訴乃論罪的差別，包括智慧財產法院在內的個案承審法官認為，著作權法關於以光碟重製犯罪的刑度、非告訴乃論的設計，有違反平等原則、罪刑相當原則、不符合比例原則的疑慮，因此裁定停止審判、聲請釋憲，司法院大法官於 2021 年 5 月以釋字第 804 號作成合憲解釋。

在釋字第 804 號解釋文中，大法官認為侵害著作權雖屬私人間的民事侵權行為，但是立法者鑑於非法重製的行為成本相對較低，常讓著作人有重大損失，意圖銷售或出租的重製惡性更大、暴利更多，破壞產銷、經濟秩序，也危及著作權相關產業，處罰條文沒有違背罪刑相當原則。至於著作權法將意圖銷售或出租而非法重製或散布「光碟」行為列為非告訴乃論之罪，大法官也認為此項差別待遇有助於追訴侵害較嚴重的盜版光碟，符合立法目的，並無違反平等權意旨或比例原則。然而，大法官也提及，現今科技日新月異，光碟已經不再是主要載體，有關機關應該適時檢討修正，以免法律與社會發展脫節。

（四）著作權法修正草案

在上述大法官解釋後，我國為了積極爭取加入「跨太平洋夥伴全面進步協定（CPTPP）」，行政院已通過經濟部所提出的「著作權法修正草案」（可參閱經濟部智慧財產局 2022 年 1 月 20 日新聞稿，https://www.tipo.gov.tw/tw/cp-87-901583-030dd-1.html），針對數位著作權的侵害，配合職權起訴制度調整非告訴乃論罪範圍，未來完成立法程序後，將更有效嚇阻著作侵權行為，落實權利人及消費者利益保護，並有助於提升國際參與及區域經貿競爭力，修訂要點如下。

將侵權情節重大的非法數位盜版、散布及公開傳輸行為改列為非告訴乃論罪，並定有「侵害他人有償提供的著作」、「原樣重製」、「造成權利人 100 萬元以上損害」作為認定侵權情節重大的三要件，加強對著作權人之保護（修正著作權法第 100 條）。由於光碟已非主要侵權來源，且盜版光碟亦包含在修正第 100 條數位盜版範圍內，故配合刪除現行法重製、散布盜版光碟公訴罪的加重刑則規定，回歸適用一重製、散布罪刑責規定，並配合刪除相對應的沒收、沒入規定（刪除著作權法第 91 條第 3 項、第 91-1 條第 3 項、第 98 及 98-1 條）。

違反學術倫理之「抄襲」爭議

　　隨著臺灣高等教育的蓬勃發展，學術著作呈現爆炸性的成長，校園內也常發生師生間互告而對簿公堂。另外，指控對手之學位論文有「抄襲」之嫌，也成了校長競選或政治選舉攻防常見的手段之一，可見「抄襲」已成了屢見不顯的社會現象。在智慧財產權相關法律（商標法、著作權法、專利法）的條文中，其實也沒出現過抄襲字眼，抄襲僅是陳述事實用語，而並非法律用語。

　　為避免許多學術界爭端，近年來才在「**科技部學術倫理案件處理及審議要點**」中，確立違反學術倫理案件客觀公正之處理程序。其要點所稱「違反學術倫理」，指研究人員有下列情形之一者：

1. 造假：虛構不存在之申請資料、研究資料或研究成果。

2. 變造：不實變更申請資料、研究資料或研究成果。

3. **抄襲：援用他人之申請資料、研究資料或研究成果未註明出處。註明出處不當情節重大者，以抄襲論。**

4. **自我抄襲：研究計畫或論文未適當引註自己已發表之著作。**

5. 重複發表：重複發表而未經註明。

6. 代寫：由計畫不相關之他人代寫論文、計畫申請書或研究成果報告。

7. 以違法或不當手段影響論文審查。

8. 其他違反學術倫理行為，經本部學術倫理審議會議決通過。

　　總結：雖然違反學術倫理不一定會犯上違反著作權法的民事責任或刑事責任，但有可能會產生被撤銷學位等不良後果，引用資料也務必更加小心。

5-6 進階應用與管理實務

著作權存在許多值得探討、實務應用上的課題，例如：學校同學在撰寫報告、論文時，常會有一些論調說明如何不侵害著作權，例如：一段文字只要連續 15 個字或 30 個字中間（含標點符號）有一些改作的行為（改文字或標點符號），就不算是抄襲？其實此一課題牽涉引用以及合理使用的問題。另外，著作權的歸屬認定也是一個重點，尤其學生短期實習的成果、學位論文或合著的期刊論文，如果牽涉財產權的行使或是人格權的標示，都是非常實務的管理問題。以下就分別針對合理使用與著作權歸屬做進一步說明。

一、合理使用

首先，引用他人文獻最好還是徵求原著作權人同意（涉及重製權，是著作財產權，所以是著作權人，而不是著作人）。第二、引用他人的文獻必須以適當的方式註明出處，例如：引註（以原著作形式表示，整段文字引用應加上括弧）、文章或書目最後須有參考文獻列表。如果沒有徵求著作權人同意而引用，基本上已經侵害著作權，這時候不得已才思考是否有合理使用的空間。第三、合理使用的審酌標準，要因個案認定。

以下是合理使用的審酌標準（著作權法第 65 條）：(1) 利用之目的及性質，包括係為商業目的或非營利教育目的。(2) 著作之性質。(3) 所利用之質量及其在整個著作所占之比例。(4) 利用結果對著作潛在市場與現在價值之影響。

實務認定上，以下八大類型可供大家參考：

1. 積極使用行為

    因為著作權或說智慧財產權的立法主要目的，還是在積極鼓勵人們創造發明、改善生活並促進國家社會進步，因此為創作新著作而有利用他人著作的需求。所以，從歷史角度：後輩著作人基於前輩著作人的著作，投入

第1章

第2章

第3章

第4章

第5章

第6章

第7章

第8章

第9章

第10章

後輩著作人個人具有社會創造價值的創造性要素（social valuable creative element），可以鼓勵認定合理使用。例如：

(1) 為授課需要而重製他人著作（著作權法第 46 條）。

(2) 為編製教科書而合理使用他人著作（著作權法第 47 條）。

(3) 為報導新聞而利用他人著作（著作權法第 49 條）。

(4) 為報導、評論、教學、研究目的之需要於引用他人著作（著作權法第 52 條）。

2. 越屬非虛構性（事實性）或資訊性之著作，越有主張合理使用之可能。

3. 數量越少或重要性越低，越易於構成合理使用。

4. 完全的複製，較不易受到合理使用之認定。

5. 利用行為越有因而損及被利用著作市場或價值；或因之致生取代被利用著作之效應，越非屬合理之使用。

6. 對於尚未公開發表著作之利用，較不利於認定構成合理使用。

7. 越是「改頭換面之利用類型」，越易構成合理使用。

8. 運用科技設備為手段之利用行為，其審酌標準與傳統利用行為已有不同。利用電子設備或數位設備重製他人著作，不具有積極利用性格，屬於與原著作目的相同之尋常利用，難以構成合理使用。例如：以錄音機轉錄音樂、將樂曲著作燒錄在光碟、數位化格式之 MP3 音樂上傳或下載利用等。但如果以上之轉錄或重製行為，只是為了自己使用上方便，例如：CD 燒錄兩片供自己分別在家中、開車時使用，因為不會同時利用，而只是方便不同地點之使用，可以主張適量的重製。

二、著作權歸屬

著作權的歸屬通則應該是：有約定，從其約定！沒有約定才會進入歸屬的原則（所以其實是例外），以下將幾種學校會發生的情況加以敘述。

（一）學位論文

例如：碩博士論文、大專生專題（科技部或教育部經費支持的計畫）等，因為作者是單一學生，而著作權只保護表達的形式，並不保護內容、思想等，所以幾乎沒有疑問，即使老師費盡心力指導，但著作權歸屬於學位論文撰寫者（學生）。

（二）合著的論文

此類公開發表包括：期刊論著、研討會論著、合著或編輯之書籍，視為共同作者。如果是理工農醫類的論文，一般會以題目發想、研究方法的構思與操作、負責撰寫篇幅的重要程度與數量大小、儀器設備的提供與操作等，按照貢獻度依序排名。通常以主要發想者、研究方法的提供作為第一作者（老師），而聽從撰寫者作為通訊作者（含撰寫內容、負責投稿、意見回覆、資訊彙整等，作者可能是學生）。

若是與學位論文有關的投稿或是學位論文完成後的改寫投稿，一般如果是論文完成前的研討會投稿，可能因教師貢獻度較大，而將教師放在學生前面。如果學位論文已經完成，有時教師會將學生排序放在前面；或是因為學生已經畢業，投稿還是教師親自操刀，因此會將教師放在學生前面。其實貢獻度並無定論，主要依學術倫理、通則，透過約定即可。

（三）實習的著作

學生寒暑假、短期實習打工，尤其是實習並學習過程中、在工作坊完成的作品，其著作權歸屬問題是非常值得討論的。有約定，從其約定！如果實習或工作有簽訂契約，按照契約執行應該沒有疑問。因此，打工或工作前應仔細檢視合約是否合理？如果沒有簽約，按著作權法目前的規定，如果是雇傭關係：著作人格權歸作者，而著作財產權屬於雇主，那麼學生（特別是藝術創作相關科系同學）的工讀作品，很有可能歸雇主所有，而可以進行著作的販售……。

三、數位時代的著作權修法

2017 年著作權修法以符合數位時代的需求，修法後將公開播送（衛星廣播、無線廣播、有線廣播）、公開傳輸的網路同步傳輸都合併為公開播送，因此公開傳

第 1 章
第 2 章
第 3 章
第 4 章
第 5 章
第 6 章
第 7 章
第 8 章
第 9 章
第 10 章

輸僅剩下網路非同步（互動式）傳輸。

另外增訂再公開傳達：在營業場所對公眾播放電視、收音機節目或用電腦連網播放 YouTube 影片，除了單純開機以外，都要取得授權！但考量我國營業場所擺放家用電視機、收音機播放電視或收聽電臺等營業習慣，原屬於單純開機的再公開傳達行為，修法後仍屬合理使用，不需取得授權，不必擔心侵權。

學校教師課堂教學（現場教學、同步遠距教學），在授課目的的必要範圍，可以主張合理使用播放 CD、DVD、用電腦聯網、投影播放網路影片等。如果非同步遠距教學，但受眾是有學籍或選課者（非一般民眾），也可以主張合理使用。如果是對社會大眾遠距教學，例如：電視、廣播或大學網路開放式課程，在教育目的之必要範圍內利用他人著作，可以主張合理使用，但須通知權利人並支付使用報酬。但若是遠距提供一般社會大眾使用，且有營利行為，則不能主張合理使用，例如：補習班營利網路課程，提供利用他人著作的課程。

5-7 案例與討論

Case 1：包裝設計侵權

A 公司為客戶做產品外包裝設計，並由設計師 X 執行。藝術創作者 Y 發現外盒上的金魚圖案與他在大學所創作之美術著作雷同，無論是金魚外觀、使用色彩、大小比例等均有重複的元素（圖 5-7），因此認定 A 公司未經他的同意，擅自以重製的方法侵害其著作權，因而向檢方提出違反著作權法重製罪的告訴，並提出損害賠償的附帶民事訴訟。被告 A 公司及 X 抗辯：金魚圖形係經過一系列之創意過程而完成，為其所獨立創作，非屬抄襲，自應受著作權法保障；且金魚本為自然界實物，表達方式本即有限，況被告亦無接觸 Y 金魚圖形之可能。

請問：法院應如何判決？判斷標準為何？（智慧財產法院 100 年度刑智上訴字第 39 號、100 年度附民上字第 10 號判決參照）。

1. 一審法院判決：認定不構成侵權

    第一審法院判決認為，檢視 X、Y 所繪金魚，從頭部、軀幹、尾部、顏色配置逐一比對，認為雖達「實質近似」，但細部仍有差異，且檢方無法證明 X 創作前接觸過 Y 的作品，判 A 公司及 X 無罪，無須賠償。

2. 二審法院判決：認定極相似、構成重製罪

    第二審智慧財產法院審理過程中，法院認定 Y 的設計作品，藉由強調金魚游動時之韻律動感此一重點創作而來，其金魚尾部的擺動，有特殊性及創造性，不是隨意就可畫得如此相似，是具有原創性之創作著作；況且，法院檢視、比對兩者著作設計，均以俯視圖呈現，且就金魚之基本體態構圖、整體輪廓之線條轉折方法、走向角度、尾鰭向外延展之大小幅度及各部位比例等整體布局構造，均相當類似。

圖 5-7　設計師 X 的包裝設計（上）與創作者 Y 的設計作品（下）。

此外，法院查出 X、Y 就讀同所大學畢業，Y 作品參加過 2 次展覽，也曾在網路上發表，認為 X 接觸過的可能性不低，因此判定 X 構成重製侵害他人著作財產權犯罪，處有期徒刑 3 個月；A 公司因受雇人執行業務犯重製侵害他人之著作財產權罪，科罰金新臺幣 35 萬元，並應向 Y 給付新臺幣 30 萬元。

| 案例解析 |

由上述判決的結論觀察，智慧財產法院在審理過程中，首先判斷原告主張侵害的著作是否屬於原創性而為著作權法保護的客體，接下來審酌被告涉嫌抄襲的創作是否具有實質上相似，最後再以被告接觸原告創作的可能性決定有無排除抄襲的機

第 1 章
第 2 章
第 3 章
第 4 章
第 5 章
第 6 章
第 7 章
第 8 章
第 9 章
第 10 章

會，這連串的檢核點可供各界對於著作權侵害建立明確的判斷標準。

為了避免本件案例所生的著作侵權導致委託業主無端被捲入相關紛爭，在委託他人設計製造進行商業交易時，建議最好能在契約中增列擔保無侵害他人智慧財產權的約款，以降低商業經營過程中對外可能存在的侵權風險。

針對民事求償的部分，本件實際案例中，該案原告於民國 97 年間向臺北地方法院檢察署提起刑事告訴，但是遲至民國 100 年 2 月始提起刑事附帶民事訴訟，已超過著作權法第 89 條之 1 規定的 2 年消滅時效，因此法院認定被告提出的時效消滅抗辯有理由而無須賠償；然而，針對被告未得原告同意或授權而擅自重製金魚圖形，對原告而言，至少受有相當於授權金之損害，而被告因該侵權行為所減少的支出，也就是原本須以相當授權金取得原告授權，始得將金魚圖形交由客戶使用，因此法院依民法第 179 條「不當得利」的規定，判決被告應向原告給付相當於授權金的損害賠償額 30 萬元。

Case 2：電子書散布與權利耗盡原則

T 公司以網站成立會員制的電子書讀友俱樂部，對會員提供該公司自行購買或其他會員捐贈的電子書下載閱讀，會員需按其下載數量向 T 公司支付費用。

著作權人 A 及出版商 B 知悉其著作在 T 公司網站上被低價下載交易後，主張散布權被侵害，向法院提起著作侵權訴訟，而 T 公司則以權利耗盡原則提出抗辯。請問法院應如何判決？ T 公司的抗辯是否有理由？（參照歐盟法院 C-263/18 於 2019 年 12 月 19 日裁決）。

| 案例解析 |

所謂「權利耗盡原則」，亦稱「第一次銷售原則」，是指當著作原件或重製物已經過合法銷售後，著作權人已獲取應有的利益，且為使著作得以自由流通、充分利用，著作權人就該著作銷售後的各種處置均不應再獲得報酬，不能阻止後續的轉賣、出租等散布行為，著作所生的權利已經在第一次銷售耗盡，因此法律應限制著作權人對於已進入市場的著作繼續保持控制能力，此項原則的目的是在維持著作權人與著作使用人間的權益平衡（著作權法第 59-1 條）。

然而，前述權利耗盡原則是建立在著作使用者得以「移轉所有權」的交易方式進行散布，而紙本書籍等傳統著作會因為多次使用造成老舊而降低價值，對原著作的銷售衝擊有限。但電子書等以數位方式存取的著作，卻不會因使用而有耗損或折舊，所以數位著作未必會因為多次轉賣而降低價格。且數位著作每次轉讓都是經由網路或裝置的傳輸重新複製電子信息，在過程中必定涉及著作的「重製」而非單純的「散布」。因數位著作是基於著作權人的「授權」而讓終端使用者得以使用所購買的軟體、數位音樂、電子書等著作重製物，亦即使用者僅取得數位著作內容的「使用權」，不是「所有權」，基於上述理由，目前美國聯邦法院及歐盟法院已在司法案例中表達數位著作不適用權利耗盡原則的法律見解，因此在網站線上市場轉售二手電子書，仍應先取得著作權人同意或授權。

　　本件案例中，由於 T 公司在網站上進行電子書的二手交易，按前述「數位著作不適用權利耗盡原則」的法律見解，T 公司提出的抗辯無理由，應對著作權人 A 及出版商 B 負損害賠償責任。

延伸思考

1. 合理使用原則的界線為何？在著作上引用他人創作，已註明內容出處、用途純屬「娛樂」或「非營利」性質、在作品中加入了自己的原創內容等情形是否就可以免責？
2. 在數位著作日漸普及的趨勢下，權利耗盡原則是否還有存在必要？

參考資料

1. 經濟部智慧財產局 2022 年 1 月 20 日新聞稿，https://www.tipo.gov.tw/tw/cp-87-901583-030dd-1.html

腦力激盪

1. 委託他人進行創作時，著作財產權的歸屬可以有何種約定態樣？對於著作的使用有何影響？

2. 如果發現自己的著作遭受侵害，在進行訴訟救濟權利前，前應該要做哪些準備工作？

第 1 章
第 2 章
第 3 章
第 4 章
第 5 章
第 6 章
第 7 章
第 8 章
第 9 章
第 10 章

第 **6** 章

營業秘密法

「知彼知己，百戰不殆」。

——孫子兵法

俗話說：「商場如戰場，兵不厭詐。」為了商業競爭致勝，不肖企業或個人使出骯髒手法來竊取對手商業機密。另一方面，由於資通訊技術的快速發達而帶來便利性，但也帶來了資訊安全上額外的風險，近期加密勒索軟體橫行、營業機密竊取犯罪越來越多，讓我們不得不重視營業秘密法的發展與保護。本章我們將介紹營業秘密法、保護要件、權利歸屬、侵害型態、侵害救濟，以及進階應用與管理實務等內容，並透過章節末的個案討論與習題練習來驗證學習成效。

全國法規資料庫 – 營業秘密法

第 1 章
第 2 章
第 3 章
第 4 章
第 5 章
第 6 章
第 7 章
第 8 章
第 9 章
第 10 章

6-1 營業秘密法概說

一、為何要有營業秘密法？

　　過去營業秘密的保護在我國產業並未受到太多重視，因為大多數的情形，都是員工跳槽或者自行創業，帶走客戶名單和重要設計圖等，後也因考量員工生計問題，法律上多採取從寬認定態度方式處理。但近些年隨著兩岸洩密和惡意挖角事件頻傳，已非單純商業事件，嚴重性更成了國安問題。在商業競爭越來越激烈的環境，如何透過完善的智慧財產權保護來維持企業的競爭優勢，是每家企業都必須重視的重要議題。營業秘密的保護可為企業增值，拉開技術競爭優勢，更是中小企業隱形冠軍（Hidden Champions）[1] 的生存法寶。

　　從事創新的中外企業使用「營業秘密（Trade Secret）」保護比例更勝於使用「專利（Patent）」來保護，如台積電（TSMC）多以營業秘密來保護公司重要機密。企業營業秘密一旦外洩，重大的投資將便宜他人，恐將流失企業的競爭力。臺灣企業過去仰賴代工，但臺灣科技產業經多年的努力和積累，技術能量不斷提升，特別在電子業和半導體產業技術領先全球各國，也因此引來韓國或中國大陸企業的妨害營業秘密，相關新聞事件如表 6-1 說明。

註解

1. 隱形冠軍（Hidden Champions）

隱形冠軍理論是世界著名管理大師赫爾曼·西蒙（Hermann Simon）提出的。「隱形」是因為這些企業幾乎不為外界所關注，而「冠軍」則意味著它們在某一個細分領域專注而卓越，處於領先地位。

表 6-1 受到營業秘密侵害之新聞事件

序號	日期	受害企業	案件說明
1	2011 年 7 月	台積電	前研發梁姓副總轉往三星集團大學任教，台積電懷疑他洩漏先進製程機密，智財法院判決台積電三項請求獲准。
2	2013 年 6 月	宏達電	宏達電簡姓副總經理挖角多名工程師，並攜走機密資料赴中國北京，與中資合夥開公司。（註：2021 年 3 月洩密案二審，認罪賠償獲緩刑）
3	2013 年 9 月	聯發科	前手機晶片事業部袁姓高階主管涉在離職前帶走聯發科機密文件，並加入大陸競爭對手企業，最終因罪證不足，不起訴。
4	2014 年 11 月	鴻海精密	前包姓幹部不當侵害鴻海營業秘密，智財法院判決鴻海勝訴。
5	2016 年 9 月	華亞科技	華亞科技 5 名工程師被中國紫光集團、合肥智聚集成電路等公司挖角，離職前以手機拍攝機密傳至中國。
6	2016 年 12 月	台積電	台積電徐姓工程師跳槽至上海華力微電子，離職前企圖偷偷影印帶走 28 奈米製程機密。
7	2017 年 5 月	南亞科技	南亞科技林姓工程師受重金引誘，破解公司防火牆盜取 DRAM 產品機密檔案，跳槽合肥睿力公司，使南亞科技損失 38 億。
8	2018 年 4 月	台積電	台積電吳姓工程師涉嫌非法重製 28 奈米製程文件，後到中國大陸華潤上華科技上班，被新竹地檢署起訴。
9	2019 年 8 月	晨星半導體	LCD 顯示器控制 IC 上市公司晨星半導體，一名研發部謝姓工程師為跳槽，竟於離職前私自將顯示器晶片設計架構流程圖、功能模組參數設定等文件列印下載，遭該公司發現後報新竹縣調查站偵辦。謝男坦承犯行，新竹地院依違反營業秘密法判刑 6 個月，易科罰金 18 萬元。
10	2020 年 10 月	Gogoro	湛積挖角電動車品牌 Gogoro 一名工程師，而後 Gogoro 發現湛積所開發一款電動機車電池，技術規格竟與 Gogoro 相近，懷疑這名離職工程師竊取 Gogoro 電池技術機密，憤而提告。

資料來源：作者整理。

第1章
第2章
第3章
第4章
第5章
第6章
第7章
第8章
第9章
第10章

二、營業秘密法立法目的

營業秘密（Trade Secret）係市場競爭下之產物，係產業倫理（Industrial Ethics）、商業道德（Commercial Morals）所衍生之智慧財產權。營業秘密之保護理論則包含契約理論（The Contract Theory）、侵權行為理論（The Tort Theory）、不公平競爭理論（The Unfair Theory）與財產權理論（The Property Theory）的概念基礎。要落實營業秘密保護，須防止他人未經同意而以違背誠實商業規範的行為，所產生的揭露、取得或使用行為。

營業秘密法（Trade Secrets Act）是為保障營業秘密，維護產業倫理與競爭秩序，調和社會公共利益。營業秘密法未規定者，適用其他法律之規定（營業秘密法第 1 條）。

1. 取得方式：不需註冊登記。

2. 權利期間：資訊具秘密性及經濟價值且已採合理保密措施時受到保護至不具其中任一要件時為止。

簡單來說，**營業秘密的有效時期是「永遠」，但是為了要持續保有營業秘密，故須採取合理之保密措施。**

6-2 營業秘密法保護要件

一、營業秘密的三大保護要件

營業秘密存在各行各業，不只是發生在新竹科學園區，也非全是高科技研發資訊機密。舉凡一蘭拉麵的紅醬配方、重要客戶的飲食喜好、公司近期要拓展哪些新業務、在哪些國家或地區設立新廠、正和哪些廠商談企業併購案等商業資訊，都可算做營業秘密的一環。

營業秘密法第二條即對營業秘密的保護客體作出了明確的規範：「本法所稱營業秘密，係指**方法**、**技術**、**製程**、**配方**、**程式**、**設計**或其他可用於**生產**、**銷售或經營之資訊**。由上述可知，營業秘密大致可分為「技術性營業秘密」及「商業性營業秘密」，如圖 6-1 所示。

營業秘密須符合下列要件：

1. 非一般涉及該類資訊之人所知者（秘密性）。

2. 因其秘密性而具有實際或潛在之經濟價值者（經濟性）。

3. 所有人已採取合理之保密措施者（合理保密措施）。

相關細節說明如表 6-2。

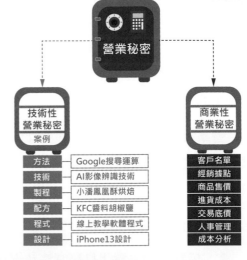

圖 6-1　營業秘密類型。

美國統一的營業秘密法（Uniform Trade Secret Act，簡稱 UTSA）所稱的營業秘密法包括：配方、圖案、編輯、程式、裝置、方法、技術或程序。

　　而目前中國大陸未針對營業秘密去單獨立法，其早期商業秘密的保護主要是依 1993 年頒布施行的《反不正當競爭法》加以保護，依其舊法第 10 條第 3 款所指商業秘密是指：「不為公眾所知悉，能為權利人帶來經濟利益、具有實用性並經權利人採取保密措施的技術資訊和經營資訊」，按其法條文義，商業秘密作為一種資訊，分為技術及經營兩類；而此二類資訊必須同時符合「不為公眾所知悉」、「能為權利人帶來經濟利益」，以及「具有實用性」並「經權利人採取保密措施」四項要件方得成立。

表 6-2　營業秘密法的三大保護要件

保護要件	內容說明
一、非一般涉及該類資訊之人所知者	營業秘密法所稱「營業秘密」限於「非一般涉及該類資訊之人所知者」，即具秘密性，實務上就此要件採「業界標準」判斷，即該營業秘密，除一般民眾所不知者外，相關專業領域中人亦不知悉。

保護要件	內容說明
二、因其秘密性而具有實際或潛在之經濟價值者	指秘密資訊所有人能利用該資訊創造實際或潛在經濟價值，使其比起未擁有該資訊的同業競爭者而言，擁有較高的競爭優勢。關於經濟價值之範圍，除資訊所有人現實使用之實際經濟利益外，亦包含預期未來可獲取之潛在經濟利益。 我國法律實務上並不嚴格審查營業秘密之價值性要件，多數法院以資訊所有人於資訊之蒐集、取得須花費鉅額、勞力與時間，而認為具備經濟價值。
三、所有人已採取合理之保密措施者	指營業秘密在主觀上有保護之意願，客觀上有保密的積極作為。 例如：將公司機密文件設定等級存放，如上鎖、設定密碼，並對於接觸者分級管理、與員工簽訂保密契約、告知公司營業秘密之範圍等。 我國法律實務上對於是否已經採取合理之保密措施，採取較嚴格之認定標準。縱使有保密合約，但並未具體就文件記載「保密文件」，仍會被認為未採取合理保密措施。 目前實務上最受爭議、最困難的要件認定採用綜合認定法包括：實體的保護措施（如上鎖、門禁或設密碼）與書面的保密切結（如簽訂競業禁止（Non-Competition）、保密協議（Non-Disclosure Agreement, NDA）。

資料來源：作者整理。

簡單來說，若營業秘密具有下列三點特徵（如圖 6-2）便受到營業秘密法保護：

1. 具秘密性：例如刊登在電機電子同業公會雜誌的客戶名單，就不具秘密性，不受營業秘密法保護。

2. 具經濟價值：若 H 公司老闆和 T 姓女明星幽會，雖具秘密性但不具經濟價值，因此也不受營業秘密法保護。又如可口可樂的配方為其營業秘密，為公司帶來龐大的經濟和品牌價值。

3. 已採取合理保密措施：例如簽訂保密契約，或是在資料上標示「機密」等記號，若是電子檔案則以密碼保護。

圖 6-2　營業秘密的三大特徵。

秘密性

價值性

合理保密

營業秘密的保護與侵權

1. 營業秘密保護與專利、商標和著作權不同的是，專利和商標必須透過申請、公告、審查、登記等程序才能得到專利權或商標權的保護，但營業秘密不需經過法律程序，和著作權同樣屬於「創作完成保護」。

2. 須留意競爭對手使用逆向工程（Reverse Engineering）的方法，來拆解裝置從而知悉內部的構件和設計，因這不易構成營業秘密的侵權。

二、常見實體的保護措施及作法

一般在實體的營業秘密保護措施有以下數種：

1. 限制取得權限：如只提供機密給被授權人，檔案資料要上鎖且取閱資料要登錄，並做好門禁管制。

2. 清楚標示：如標明本資料為公司智慧財產或機密文件，非經許可不得複製。

3. 電腦資料管理：如機密文件檔案系統需要帳號與密碼才能開啟，若電腦送修或申請報廢，一定要確認資料是否已完全移除。

4. 外賓參訪安排：如有外賓來訪應限制參訪路徑、配戴參訪證件、要有人全程陪同，以避免機密外洩。

5. 電子設備的安全管理：如嚴格限制入內照相、錄音、錄影等行為，並於影印機和傳真機等設備上加註警示標語。

實務上，企業組織在營業秘密保護上的具體管理作法，筆者建議如下：

1. 最高管理階層應有明確的政策聲明與各項資源支持：企業的高層主管應以實際行動支持營業秘密管理的措施，了解營業秘密管理的適用範圍，檢視制度落實情形。

2. 設立專責單位，負責統籌規劃與推動相關合理保密措施：企業內部應建立稽核機制，設置專責單位與處理程序，並定期追蹤相關措施的執行狀況。

3. 訂定營業秘密保護工作守則，應記載員工職務範圍、處理業務與機密文件接觸相關流程及審核機制管理。

4. 盤點機密資訊，依重要性程度進行分類、分級與標示。

5. 進入機密控管區時，禁止攜入私人隨身碟、具備照相錄音錄影功能之電子設備，禁止無授權身分之人進出機密文件場所，並在高度機密之區域，加裝高科技身分認證識別系統。

6. 開會用機密文件，使用後立即回收銷毀，刪除與銷毀機密檔案時，採用不可回復措施。

7. 員工教育訓練管理：定期辦理營業秘密之訓練課程，以提醒員工保守營秘密的重要性。

8. 簽署契約、協議管理：與現職及離職員工簽署保密與競業禁止等相關協定。

9. 人員分區配置管理：將不同製程的工作分配在不同廠區，降低員工接觸完整製程的機會。

10. 小型或新創企業之機密保護：中小企業之商業模式、技術研發都會隨著營運而累積相關資訊，但是容易因尚未展現經濟上的價值，而忽略相關資訊保護的重要性。因此，於產業初期構想或投入資源研發時，就應著手開始進行保護，避免導致未來成果的資訊外流。

11. 企業招商活動、尋找金主或向未來顧客展示技術時，應用保密協議來保護機密的資訊。

案 例

台積電內部創設「營業秘密註冊及管理系統」，並設有專人管理該公司近 10 萬件的營業秘密，積極保護營業秘密不被竊取，並以列印用金屬紙（用金屬絲與紙漿混合製造的紙張，能被防盜門及金屬探測器感應到）及員工電郵全掃描方式以確保公司營業秘密不被外流（如圖 6-3）。

圖 6-3　台積電內部嚴格管控企業機密。

6-3 營業秘密權利歸屬

　　由方法、技術、製程、配方、程式、設計或其他可用於生產、銷售或經營而來的有價資訊，其營業秘密權利的歸屬如何規範？根據營業秘密法第 3 ～ 7 條，對於權利歸屬有所規定，即：

（一）受雇者任職期間內的研究開發

1. 若是職務上所研發的營業秘密：原則上歸雇用人所有，但契約另有約定者，依契約約定。

2. 非職務上研發出的營業秘密：歸受雇人所有。

（二）出資聘請他人進行的研究開發

　　在出資委聘他人進行研發時，營業秘密的歸屬依契約約定，若契約未約定則法律規定歸受聘人所有。無論是契約未約定或契約約定歸受聘人所有的情況下，出資者雖非營業秘密的所有人，但仍可於業務上擁有使用權。

　　在了解營業秘密的權利歸屬之後，即可有清晰的法律概念。如公司和受雇者簽訂權利歸屬契約的通常狀況下，A 小姐使用 B 公司的資源所開發的新藥製程，該新藥製程顯然屬於 B 公司營業秘密（受雇者任職期間內的研究開發）。

　　此外，根據營業秘密法第 7 條規定，營業秘密得全部或部分讓與他人或與他人共有，相關規定如下說明：

1. 營業秘密為共有時，對營業秘密之使用或處分，如契約未有約定者，應得共有人之全體同意。但各共有人無正當理由，不得拒絕同意。

2. 各共有人非經其他共有人之同意，不得以其應有部分讓與他人。但契約另有約定者，從其約定。

6-4 營業秘密的侵害型態

根據營業秘密法第 10 條有下列情形之一者，為侵害營業秘密：

1. 以不正當方法取得營業秘密者。

2. 知悉或因重大過失而不知其為前款之營業秘密，而取得、使用或洩漏者。

3. 取得營業秘密後，知悉或因重大過失而不知其為第一款之營業秘密，而使用或洩漏者。

4. 因法律行為取得營業秘密，而以不正當方法使用或洩漏者。

5. 依法令有守營業秘密之義務，而使用或無故洩漏者。

前項所稱之不正當方法，係指竊盜、詐欺、脅迫、賄賂、擅自重製、違反保密義務、引誘他人違反其保密義務或其他類似方法（如圖 6-4）。

例如：陳中華擔任銷售業務經理，離職前無意間在開放資料櫃取得印有「機密資料」字樣檔案，檔案內記載最新研發配方，被其攜往新公司任職。

圖 6-4　不正當方法類型。

6-5 營業秘密之侵害與救濟

一、營業秘密法犯罪六大手法

一般常見營業秘密的犯罪手法有六種方式：如以夾帶電子檔、惡意複製、偷拍、非法入侵、夾帶紙本和偷取實體等方式進行犯罪（如圖6-5），因此我們必須在這些犯罪態樣上加以強化防護，以避免營業秘密外洩。

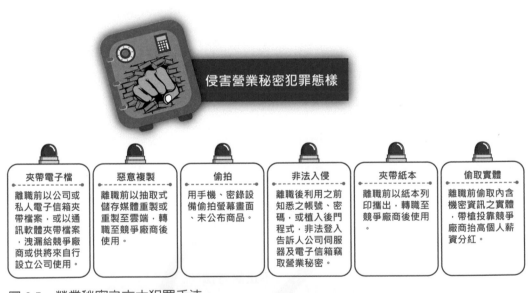

圖 6-5　營業秘密之六大犯罪手法。

二、營業秘密侵害之民事與刑事責任

不論有意或不慎觸犯營業秘密法之相關人員恐會涉及民事責任與刑事責任，根據營業秘密法第11條相關規定，在民事上當營業秘密受侵害時，被害人得請求排除之，有侵害之虞者，得請求防止之。被害人為前項請求時，對於侵害行為作成之

物或專供侵害所用之物，得請求銷燬或為其他必要之處置。第12條則清楚載明因故意或過失不法侵害他人之營業秘密者，負損害賠償責任。數人共同不法侵害者，連帶負賠償責任（圖6-6、表6-3與表6-4說明）。

此外，2013年《營業秘密法》刑罰化後，也產生了越來越多的營業秘密訴訟案件。除了營業秘密法規範外，陸委會、法務部則另強化《臺灣地區及大陸地區人民關係條例》（簡稱《兩岸人民關係條例》）及《國家安全法》等部分條文修正草案，未來挖角及竊取營業秘密等行為，如果背後涉及政府勢力，將被追究更重刑責。

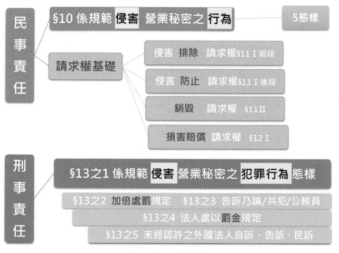

圖 6-6　營業秘密之侵害與救濟方法。

表 6-3　妨害營業秘密之民事救濟

民事救濟	法條依據	說明
禁止侵害請求權	營業秘密法第 11 條第 1 項	無過失責任主義，分為排除侵害與防止侵害請求權
銷毀請求權	營業秘密法第 11 條第 2 項	無過失責任
損害賠償請求權	營業秘密法第 12 條第 1 項	過失責任主義
損害賠償之計算	營業秘密法第 13 條第 1 項	具體損害賠償計算說、差額說、總利益說、總銷售額說
懲罰性賠償金	營業秘密法第 13 條第 2 項	故意侵害營業秘密行為

資料來源：作者整理。

表 6-4　營業秘密的侵權犯罪罰則

法條依據	條文內容
第 13-1 條	意圖為自己或第三人不法之利益，或損害營業秘密所有人之利益，而有下列情形之一，處五年以下有期徒刑或拘役，得併科新臺幣一百萬元以上一千萬元以下罰金： 1. 前項之未遂犯罰之。 2. 科罰金時，如犯罪行為人所得之利益超過罰金最多額，得於所得利益之三倍範圍內酌量加重。
第 13-2 條	意圖在外國、大陸地區、香港或澳門使用，而犯前條第一項各款之罪者，處一年以上十年以下有期徒刑，得併科新臺幣三百萬元以上五千萬元以下之罰金。 1. 前項之未遂犯罰之。 2. 科罰金時，如犯罪行為人所得之利益超過罰金最多額，得於所得利益之二倍至十倍範圍內酌量加重。
第 13-3 條	第十三條之一之罪，須告訴乃論。對於共犯之一人告訴或撤回告訴者，其效力不及於其他共犯。 **公務員或曾任公務員之人**，因職務知悉或持有他人之營業秘密，而故意犯前二條之罪者，加重其刑至二分之一。
第 13-4 條	法人之代表人、法人或自然人之代理人、受雇人或其他從業人員，因執行業務，犯第十三條之一、第十三條之二之罪者，除依該條規定處罰其行為人外，對該法人或自然人亦科該條之罰金。但法人之代表人或自然人對於犯罪之發生，已盡力為防止行為者，不在此限。

資料來源：作者整理。

問題思考

　　大雄受聘於小叮噹公司之研發部門，小叮噹公司規定僅有管制名單中的研發人員才可以接觸到研發資料。大雄離職前，小叮噹公司告知大雄應銷毀任職期間所留存的研發資料，但大雄為了延續自己累積之經驗，也確信不會將資料提供給下一個公司，遂私自保留檔案供自己日後參考之用。請問大雄有無營業秘密上之民事、刑事責任呢？

問題思考

　　熊大受聘於 A 公司之研發部門，與公司之間所簽訂的雇用契約包含保密義務條款。熊大離職時，將自己參與研發且列為公司秘密之資料，重製後，帶到了 B 公司使用！請問熊大有無營業秘密上之民事、刑事責任呢？

三、侵害營業秘密事件處理 SOP

　　當不幸遇上侵害營業秘密事件，一般事件處理的標準作業程序為：被害人於提告時，必須先釋明：秘密性、經濟價值與合理之保密措施等三要件，當事實稽核發現被告有不當行為，需先積極蒐證，著手填寫釋明表並說明案情、向檢調單位提出告訴及協助後續偵查作業（如圖 6-7 所示）。

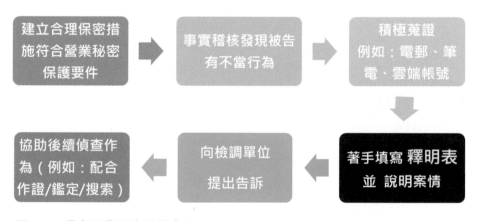

圖 6-7　侵害營業秘密事件處理 SOP。

　　然而，2013 年《營業秘密法》刑罰化後至 2019 年期間，地檢署偵辦的案件，檢察官起訴的案件占 26%，不起訴的案件占 63%。不起訴的原因有撤回告訴占 20%，罪嫌不足占 77.5%。而起訴案件中，有 46% 被判無罪，法院判決無罪的理由，大多是案件中的營業秘密被法官認定欠缺秘密性，及認為受害廠商並無合理保密措施，還有在法院審理中，雙方當事人達成協議而告訴方撤回告訴，法院判決不受理。

四、競業禁止（Non-Competition）

在企業間常見的書面保密切結是員工保密切結書（Employee Confidentiality Agreement）與不揭露協定（NDA）在資訊容易流通的現代，要確保公司員工轉職時不會帶走營業秘密，是每間公司所關注。但若規定員工離職後不可到同性質的公司工作，由於現今的社會高度專業化，嚴格執行「競業禁止（Non-Competition）」可能會造成離職人員的生計困頓，也因此目前對於「競業禁止」仍有條件限制，公司本身除了競業禁止條款，也可對員工進行法律教育、簽訂保密契約、機密文件進行標示等方法，全方位的保護公司營業秘密。

企業為避免員工跳槽到競爭對手公司，外洩營業秘密，會讓員工簽署競業禁止協議。勞動部為保障勞工權益，在 2015 年 12 月 18 日增訂《勞動基準法》第 9-1 條，要求雇主要給員工「合理補償」，以維持競業禁止協議的有效性。

6-6 進階應用與管理實務

營業秘密沒有主管機關，不需要、也很難經過申請後，由政府透過公權力加以保護，因為它的主體就是秘密，任何形式的公開或揭露都有可能造成秘密不再是秘密！實務上，每一位員工或多或少都會接觸企業、公司的營業祕密，因此基於契約責任（Contractual Obligation）說、信賴關係（Fiduciary Relationship）說、禁止不當取得（Misappropriation）說，以及財產（Property）說等四種，營業秘密必須受保護。而對於雇主而言，如何保護自身營業秘密，或者說維持企業間的公平競爭，就是一個值得研究的課題。

一、營業秘密保護的時機

何時需要主張營業秘密，筆者認為至少包括以下幾個時機：

（一）其他智慧財產權無法保障時

智慧財產如果可以向管轄治權單位申請，透過公開且公權力授予專有權利，自然有相當程度的保證與保障。但有時沒辦法透過著作權保護（著作權法第 10-1 條：著作權保護僅及於該著作之表達，而不及於其所表達之思想、程序、製程、系統、操作方法、概念、原理、發現，所以如果不是重製，而是按照內容去實施，其實並非著作權所保護的範圍），又無法申請專利（不一定具有新穎性、進步性，也無法主張權利範圍），這時候可能僅能透過營業秘密或約定作為保護的方法。例如：旅行社的旅遊行程、電影或視聽製作之劇本與腳本、廣告或宣傳影片的構想書等，提供互動關係人閱覽或基於合作之必要而需揭露前，可能都屬於營業秘密要保護的範圍。

（二）不揭露則他人無從得知時

例如：可口可樂配方、火鍋湯頭的製作、獨家配料等，即使一流的大廚或是頂尖的專家，都不太可能經由品嘗後即破解內容組成。因此，如果不是可以經由還原工程、逆向工程所可以得知，不揭露則他人無從得知時，可以透過營業秘密保障自身權利。

（三）重要技術申請專利，核心技術當作營業秘密

企業會選擇將重要的關鍵技術申請專利取得保護，而專利需對於內容充分揭露（專利法第 26 條：說明書應明確且充分揭露，使該發明所屬技術領域中具有通常知識者，能瞭解其內容，並可據以實現），但專利權人又希望專利公開、或超過保障期限後，有需求的被授權人仍然需要向專利權人請求授權，因此除申請專利展示自身的技術，對於技術實施的細節，也會盡可能透過營業秘密保護，使企業面臨專利到期時，仍然可以保持企業競爭力不墜，顯見營業秘密保護的重要性。

（四）競爭對手落後或嚴重落後，無法即時追趕時

同理，專利申請需充分揭露，說明書相關文件既是法律文件、也是技術文件，和大多數的學術或期刊論文一樣，必須因公開而提供公眾參考。因此若技術大幅領先，似乎沒有必要將自身技術公開。類似現象可能出現在某些 3C 產品之市場競爭狀況（產品生命週期短），如果自家的技術或功能領先對手甚多，此時不需要推出最新的功能，或是利用次等級的功能進駐市場即可，可以保留更先進的技術與功能給下一世代、下一版本使用。

（五）需要讓合作夥伴（互動關係人）知悉，但又不希望第三人得知時

作家提供劇本給製作人參考時；專利申請必須經過審查委員、行政人員、甚至律師事務所或智慧財產權事務所（職業倫理）等互動關係人，有時資訊可能會不經意被洩漏，此時最好可以簽署保密協定。

因為並無主管機關，事涉保密僅與互動關係人有關，一旦有侵權行為則直接訴諸法律解決，因此大部分企業雇主、營業秘密所有人，大多會以競業禁止條款、保密協定簽署等方式來保障自身權益。

二、營業秘密保護方法與盡職調查之簡介

（一）競業禁止

「勞資雙方於勞動契約中約定競業禁止條款現行法令並未禁止，惟依民法第二百四十七條之一的規定，契約條款內容之約定，其情形如顯失公平者，該部分無效；另法院就競業禁止條款是否有效之爭議所作出之判決，可歸納出下列衡量原則：

1. 企業或雇主須有依競業禁止特約之保護利益存在。

2. 勞工在原雇主之事業應有一定之職務或地位。

3. 對勞工就業之對象、期間、區域或職業活動範圍，應有合理之範疇。

4. 應有補償勞工因競業禁止損失之措施。

5. 離職勞工之競業行為，是否具有背信或違反誠信原則之事實。

勞動部雖就競業條款是否合法有效歸納出五項原則，然法院為裁判時，是否採此行政見解，有其裁量自由，並不受其行政見解之拘束（臺灣高等法院 92 年度再易字第 155 號判例）。

立法院於民國 104 年 11 月 27 日三讀通過，針對「離職後競業禁止」相關規範進行增修，規範雇主與勞工約定「離職後競業禁止」應符合下列要件：

1. 雇主有應受保護之正當營業利益。

2. 勞工須擔任之職務能接觸或使用雇主營業秘密。

3. 競業禁止之期間、區域、職業活動範圍及就業對象，不得逾合理範圍。

4. 雇主對勞工因不從事競業行為所受損失有合理補償（民國 104 年 10 月 5 日勞動部勞動關 2 字第 1040127651 號函訂定所謂合理補償應不低於離職前平均工資的 50%），且合理補償不包括勞工於工作期間所受領之給付。

　　雇主未符合上述規定中任何一項規定，其與勞工所約定之條款無效；另明訂合理有效競業禁止條款，最長競業禁止期間不得逾 2 年，凡超過 2 年者，縮短為 2 年。

（二）保密協議

　　保密協議（Non-Disclosure Agreement，簡稱 NDA）是至少兩方之間的法律契約，概述保密材料、知識或訊息，雙方基於某種目的而彼此分享，但希望限制第三方的存取，雙方同意不透露協議內容的契約。NDA 建立簽約雙方之間的保密關係，以保護任何類型的機密、專有訊息或商業秘密。因此，NDA 保護非公開的商業訊息，但如同所有契約一樣，如果簽約活動或是保密內容係屬犯罪，則不能執行。

　　當兩個公司，個人或其他實體（如合夥、社團等）正考慮開展業務，並且需要了解彼此業務中使用的流程，以評估潛在業務關係時，通常會簽署 NDA。NDA 可以是「相互的」，這意味著雙方在使用所提供的材料方面受到限制，或者可以限制單方使用材料。

（三）盡職調查（Due Diligence：DD）

　　盡職調查或稱盡責查證是在簽署合約或是其他交易之前，依特定注意標準，對合約或交易相關人或是公司的調查。

　　盡職調查可能是依法律要求必須進行的，不過多半是指自願性的調查。在許多產業中，常見的盡職調查是在潛在買家要併購其他公司時，會先評估目標公司及其資產。盡職調查背後的理論是在進行決策前，這類的調查可以讓決策者對於成本、利益及風險有更多系統化的相關資訊，以便進行決策。

　　一般盡職調查類型包括下列項目：

1. 行政盡職調查（Administrative Due Diligence：Administrative DD）

　　本項目牽涉驗證與管理相關的項目，例如：設施、占用率、工作站數量等。

進行盡職調查主要是驗證賣方擁有或占用的各種設施，並確定是否所有營運成本均包含在財務中。

2. **財務盡職調查**（**Financial Due Diligence：Financial DD**）

最重要的盡職調查類型之一，旨在檢查機密資訊備忘錄（CIM）中顯示的財務資訊是否準確，全面了解公司所有財務狀況，包括但不侷限於過去 3 年的經審計財務報表、最近與去年可比的未經審計的財務報表、公司預測報表的基礎預測、資本支出計畫、庫存清單、債務人和債權人等。

3. **資產盡職調查**（**Asset Due Diligence：Asset DD**）

資產盡職調查內容包括：固定資產（如果可以應進行實物查核）、所有設備租賃協議、主要資本銷售和購買時間表、房地產契約、抵押貸款、產權政策和使用許可。

4. **人力資源盡職調查**（**Human Resources Due Diligence：Human Resources DD**）

人力資源盡職調查內容包括：員工總數（當前職位、職位空缺、屆期退休……）、當前工資、最近 3 年支付獎金和服務年限分析、雇傭契約（公司與員工之間保密、非招攬、非競爭協議）、勞資糾紛、員工持股等。

5. **環境盡職調查**（**Environmental Due Diligence, Environmental DD**）

與環境管理相關的盡職調查，如果公司違反任何規則，主管單位可以行使處罰的權利，甚至將公司關閉。內容包括：環境許可和證照清單、是否有任何和環境責任或持續的賠償義務。

6. **稅收盡職調查**（**Taxes Due Diligence, Taxes DD**）

關於納稅義務的盡職調查包括審查公司需要支付的所有款項，並確保其正確計算且無意少報稅款。

7. **智慧財產盡職調查**（**Intellectual Property Due Diligence, Intellectual Property DD**）

主要是智慧財產權相關的內容，包括：專利和專利申請表、著作權、商標

第 1 章
第 2 章
第 3 章
第 4 章
第 5 章
第 6 章
第 7 章
第 8 章
第 9 章
第 10 章

和品牌名稱表、未決議的專利許可文件、公司提出或針對公司侵犯智慧財產權的任何未決索賠案件。

8. **法律盡職調查**（**Legal Due Diligence, Legal DD**）

法律盡職調查通常包括：組織章程大綱及章程細則副本、最近三年董事會會議紀錄、股東會議與股東行動的會議紀錄、發給關鍵管理人員的股票副本、重大合同（合資、合夥協議、許可或特許經營協議、……）、貸款協議、融資協議、貸款額度等。

9. **客戶盡職調查**（**Customer Due Diligence, Customer DD**）

客戶是企業的命脈，盡職調查應仔細檢視目標公司的客戶群、頂級客戶、過去的客戶等。

6-7 案例與討論

Case1：營業秘密的秘密性與專利「絕對新穎性」不同

某 A 任職於 B 公司的高階研發工作，並與 B 公司簽有保密協定。後因為 A 覺得在 B 公司內未受到合理的待遇，故在未經 B 公司授權或同意下，陸續將「C200研磨液產品」配方內容、樣品效果數據、化學物質的特性及表現等檔案，經由公司伺服器下載、重製於個人筆記型電腦，B 公司察覺後對 A 提起侵害營業秘密的刑事告訴。

A 在審理時抗辯：B 公司已將「C100 研磨液產品」申請專利，該專利說明書內所記載的配方與「C200 研磨液產品」雷同，故其內容已公開而不具秘密性，並且這項產品並不具有 B 公司聲稱的表現效果，因此 A 所下載檔案內容非屬營業秘密。

B 公司則主張，雖然「C100 研磨液產品」與「C200 研磨液產品」配方內容有技術上關連性，但二者配方、化學物質特性、產品效果等均不相同，無從因為「C100 研磨液產品」專利說明書的記載否定「C200 研磨液產品」相關檔案內容的秘密性。

請問：營業秘密要件的「秘密性」認定標準為何？是否如同專利「絕對新穎性」所求的「未見於刊物、未公開實施、且未為公眾所知悉」？本案 A 的抗辯是否有理由？（臺灣新竹地方法院 108 年智訴字第 4 號刑事判決）

| 案例解析 |

1. 關於秘密性要件的判斷，如同本章前述，是以「業界標準」為基礎，除一般公眾所不知者外，相關專業領域中之人亦不知悉；然而，技術內容的秘密性，與專利「絕對新穎性」不同，營業秘密的秘密性屬於相對性概念，僅要求為最低程度的新穎性，只要是「非一般涉及該類資訊之人所知者」，亦即非在業界圈內所熟知的技術資訊，或是需要投入相當努力才能獲知，就可滿足秘密性要件，而與這項技術資訊是否達到成改良功效無涉，因此營業秘密可能只是比一般知識、技法，多了一點技術上的先進性，或略為超越普通常識而已，且除了少數很明顯得知的情事外，原則上不應允許將多項先前技術之技術內容加以組合，以證明某項技術資訊不具秘密性。

2. 在本案中，A 所提「C100 研磨液產品」專利說明書記載內容，與「C200 研磨液產品」配方相比，雖然二者間具有相當技術應用的關連性，但是專利說明書並未完整揭示「C200 研磨液產品」全部資訊，「C100」、「C200」的主要成分含量、配方均略有不同差異，可知 A 所提證據「C100 研磨液產品」專利說明書與其所下載「C200 研磨液產品」檔案內容有所差異，況且 A 未能進一步提出其他證據證明此差異屬於相關技術領域的通常知識，故無法否定下載檔案的內容具秘密性。

3. 綜上，A 與 B 公司間已有簽訂保密協議，A 所下載檔案具有秘密性，A 未經 B 公司授權或逾越職務目的範圍情形下，下載、重製「C200 研磨液產品」配方等檔案，已構成營業秘密法第 13 條之 1 第 1 項第 2 款：知悉並持有營業秘密，未經授權、逾越授權範圍而重製營業秘密罪。

Case2：保險客戶資訊之經濟價值判斷

　　A 保險公司為有效管理客戶資訊，在公司架設行動網保單作業平台，存放保戶資料、保單資料，而各保戶的資料僅限服務該保戶的業務代表可以查詢，且網頁登入畫面中已清楚載明「查閱之個人資料受個人資料保護法之保障，請同仁務必謹慎使用與保管，避免外洩」等保密文義，又為避免資料外洩，該行動網的功能設定無提供下載或列印功能。

　　某日，A 保險公司的業務員 X、Y、Z 等人連線至行動網保單作業平台，藉由使用瀏覽器的列印功能或 PrtSc 列印電腦螢幕畫面等方式複製行動網的保戶保單等機密資料，A 保險公司認定此舉與後續 X、Y、Z 所經營保戶大量解約有關，因此向 X、Y、Z 提起侵害營業秘密的民事損害賠償訴訟，但是 X、Y、Z 抗辯其所取得的保戶名單等資料都是自己經營的客戶資料，因此主張並非營業秘密。

　　請問法院應如何認定？客戶的資料是否一定會構成商業性營業秘密（智慧財產法院 109 年民營上字第 1 號民事判決）？

| 案例解析 |

1.　針對客戶名單是否為營業秘密，司法實務向來認為單純表明客戶名稱、地址、連絡方式之客戶名單，若無其他類似客戶之喜好、特殊需求、相關背景、內部連絡及決策名單等經整理、分析之資訊，難以認為有「秘密性、經濟價值性」，這種客戶名單就不是營業秘密（最高法院 99 年度台上字第 2425 號民事判決意旨）。

2.　本案 A 保險公司所主張營業秘密是指行動網客戶資料，但是該客戶資料，僅有 X、Y、Z 等人自己成功招攬的客戶及保單資料，例如姓名、身分證字號、聯繫方式及保單內容等一般資訊，不涉及客戶之相關背景、保單特殊需求、保費分析等，任何保險業務員均不會依該既存資料即取得招攬保險所需優勢資訊進而投客戶之所好，仍需自行從頭規劃、訪問需求、量身訂做，所以，本案 A 保險公司的客戶資料不具經濟價值。

3.　此外，A 保險公司主張行動網有限制下載及列印的功能，以證實確有落實

營業秘密的合理保密措施，然而，本案法院依相關資料顯示，A 保險公司是為因應個人資料保護法，才會在行動網採取限制下載及列印的功能，A 保險公司移植個人資料保護法的做法、目的，轉換為營業秘密法的合理保密措施，是刻意引導錯誤判別，因此認定 A 對 X、Y、Z 主張侵害營業秘密不成立。

延伸思考

1. 營業秘密保護制度的目的為何？

2. 智慧財產權法體系上可分三類，分述如下：

   (1) 鼓勵產業技術創新的智慧財產權，如專利法。

   (2) 保護文化精神創作有關的智慧財產權，如著作權法。

   (3) 以維護競爭秩序為目的，如商標法及公平交易法。

   試探討營業秘密法在智慧財產權法律體系中的價值與地位。

1. 營業秘密可以對向第三人讓與或授權（營業秘密法第 6、7 條），但是卻不得為質權及強制執行之標的（營業秘密法第 8 條），理由為何？

2. 競爭者通常藉由何種方式去取得對手的營業秘密？

第 1 章
第 2 章
第 3 章
第 4 章
第 5 章
第 6 章
第 7 章
第 8 章
第 9 章
第 10 章

第 **7** 章

專利法

「專利制度是給天才的火添加利益之油」
(Patent system is to add the oil of interest to the fire of genius)。
——美國第十六任總統亞伯拉罕·林肯 (Abraham Lincoln)

　　為建立產業與企業的競爭門檻，協助專利權人取得排他權，以保護和鼓勵其創新發明，各國研究機構或企業等無不重視其專利權的經營。而企業專利訴訟天天在新聞媒體中上演，如何在專利戰爭中勝出，是每位創作發明人和組織機構都必須深入了解的。本章我們將介紹專利與專利法、專利檢索、申請與取得、專利訴訟案例、專利案審查及行政救濟流程、判斷專利侵害理論、專利大數據、進階應用與管理實務等議題，並透過章節末的個案討論與習題練習來驗證學習成效。

全國法規資料庫–專利法

7-1 專利戰爭

　　專利的戰爭和訴訟糾紛，天天在新聞媒體中上演，身處企業競爭激烈的現今經商環境，我們必須重視專利戰役勝負對個人或組織機構帶來的重大影響。專利戰爭並不是一個正式的學術名詞，而是一種商業現象，通常描述企業之間繞著專利權所做的商業行為。

　　許多企業忽視專利的潛在危機，讓全球各地的專利流氓或稱專利蟑螂[1]（Patent Troll）透過許多專利訴訟而坐享其成，例如線上拍賣「ebaY」在發展情勢正好時，忽然跑來一位發明家聲稱他早已申請這個線上拍賣的專利且獲得專利證書，並在ebaY賺錢時主張專利權，要求ebaY給付專利權利金。最終法院在2003年裁定ebaY須賠償此發明家3500萬美元的經濟損失，且須額外支付專利權利金。

　　因此，想要打贏專利戰爭，就必須清楚能打勝仗的致勝元素，一個英明的企業領導必須要能對企業的創新發明做好智財權布局規劃，能建立由研發工程師、專利工程師、專利師和律師組成的堅強專利軍團才能打仗。另外還要有威力強大之核子彈頭型專利和充沛的智財權經營所需的充足經費，才能在長期的專利攻防中保護自身的權益。

　　倘若不幸在專利戰爭中戰敗，將面臨退出市場、禁止製造、販賣、販賣之要約使用、進口等權力或是高額的賠償金、和解金和授權金。因此我們需時時刻刻留意專利權為企業帶來的正面與負面影響，並做好專利經營管理，才能在企業競爭中屹立不搖。

 註 解

1. 專利蟑螂

「專利蟑螂」（Patent Troll）由個人或是中小型組織、團體以購買專利的方式來獲得專利權，並藉由專利權排他性特徵，以訴訟方式來控告侵害其專利權的成功商品製造者。

7-2 專利與專利法

　　專利（Patent），即專利權（Patent Rights）的簡稱，在臺灣主要分為發明、新型及設計三種類型（註：不同國家專利分類名稱略有不同）。專利制度者，係指發明人、創作人或其承受人，經由申請而取得專利，在一定時期賦予專利權人享有使用發明或創作之獨占與排他之權利。

　　相較於前述營業秘密章節的合理保密措施，發明人選擇以申請專利作為保護時，必須「充分揭露」其技術內容，使他人得以瞭解內容，並可據以實施該發明或技術。專利要通過國家的專利審核，必須具備產業利用性、新穎性、進步性的三項實質要件。

1. **產業利用性**

   是專利審查的首要要件，必須優先於「新穎性」與「進步性」進行審查。發明人提出專利申請的發明或創作，需具有產業上的利用價值，此項發明創作若可在產業上被製造、使用，即可認定該發明技術具有產業利用性。如果發明或創作在產業上毫無可利用的價值，縱然具有高度創意或學術評價，亦無法透過專利制度保護。

2. **新穎性** [2]

   指申請專利權的發明或創作，必須對現有的技術有所助益，始得申請專利。新穎性的判斷標準，以申請專利前是否從未見於刊物上、被公開實施者，或被公眾所知悉的情形，與申請日前之現存既有技術有所不同，該發明或創作原則上即具備「新穎性」；相反地，如果申請專利權的發明或創作，於申請日前，已見於刊物、已被公開實施或已為公眾所知悉，即欠缺新穎性，而無從通過專利審查。

2. 新穎性

新穎性另可區分為「絕對新穎性」及「相對新穎性」兩種制度,前者是指專利申請前,該發明或創不得在國內、國外任何地區有公開及使用;後者則是專利申請時,專利技術雖不得在國內外公開或國內使用,但僅是在國外使用,則不視為失去新穎性。目前我國採用的是絕對新穎性標準。

3. 進步性

是指申請專利權之發明或創作,必須具有超越現存的知識、技術,其發明或創作內容的差異,必須達到創新的層次,而非運用既有的技術、知識,且非所屬技術領域中具有通常知識或熟悉該項技術之人可輕易完成者,否則該發明或創作即不具備進步性要件。

目前世界各國對於專利保護均採取「屬地主義」,發明人想要獲得特定國家的專利權保護,就必須向該國提出專利申請,發明人取得的專利權,只能在授予權利的國家受到保護,在這個國家以外地的地域,不發生專利權的法律效力。

臺灣第一部專利法典是 1944 年 5 月 29 日由中華民國政府公布的《專利法》,1947 年 11 月 8 日又頒布了《專利法實施細則》。1949 年 1 月 1 日全面實施。

我國專利法第一條開宗明義指出訂定專利法的目的是「為鼓勵、保護、利用發明、新型及設計之創作,以促進產業發展。」專利法的內容共包括總則、發明專利、新型專利、設計專利和附則等五大章節。

專利制度的目的在於鼓勵民眾從事發明,保護發明人(或其受讓人或繼承人)的權利,並指導專利權人與民眾以合法、適當的方式利用發明,以促進產業發展。專利制度是讓專利權人在法定期間(例如:20 年)內享有專利技術的排他權(非獨占權),使其享有商業上的特權利益,以鼓勵其將知識公開分享。

在專利取得上,各國有採行先申請主義與先發明主義之別,各有其優缺點,詳如表 7-1 說明。

表 7-1　先申請主義與先發明主義之比較

	先申請主義	先發明主義
意義	以提出專利申請之先後為核准或核駁專利之標準，倘有二人以上有相同者之發明而向主管機關申請專利者，由最先申請者取得專利權。 兩者均相同時間就相同內容提出申請，則雙方先行協調，協調不成，均不給予專利。	以發明之先後為核准或核駁專利之標準，亦即若有二人以上有相同之發明而據以申請專利權者，以最先發明者之人取得專利權。
優點	1. 可避免重複發明。 2. 有利於舉證。	可確保真正發明人能取得專利。
缺點	若申請人係剽竊他人之發明而提出申請者，則反而導致真正發明人無法取得專利權。	1. 舉證上較為困難。 2. 易有重複發明情形發生。

資料來源：陳龍昇，2020，《專利法》，臺北，元照出版。

　　坊間也有不少有趣的創新發明設計（如 Ford 頭燈可打字加表情，圖 7-1），但不一定所有製造廠商都有申請專利保護（如屏東市區紅綠燈，如圖 7-2）。

屏東限定版的求婚版紅綠燈，還曾上了英國廣播公司BBC的版面。

圖 7-1　Ford 頭燈可打字加表情，原廠新 LED 照明技術專利申請中。

圖 7-2　屏東市區有趣的紅綠燈設計。

　　當專利權法定期間屆滿，專利權即告消滅，民眾即可根據專利說明書所揭露的內容，自由運用其專利技術。以下將陸續介紹臺灣及其他國家的專利類型和保護年限：

一、中華民國（臺灣）專利類型

（一）發明專利（Invention Patent）

係指利用自然法則之技術思想之創作（專利法第21條），其分為物品發明及方法發明兩種（如圖7-3）；權利期限自申請日起算20年。

要申請發明專利必須在符合申請前未見於刊物者、未公開實施者及未為公眾所知悉者等相關規定。此外，如有下列各款情事（專利法第24條），不予發明專利：

1. 動、植物及生產動、植物之主要生物學方法。但微生物學之生產方法，不在此限。

2. 人類或動物之診斷、治療或外科手術方法。

3. 妨害公共秩序或善良風俗者。

例如：發明不需使用底片之數位照相機或不須使用天線接收之彩色電視機。

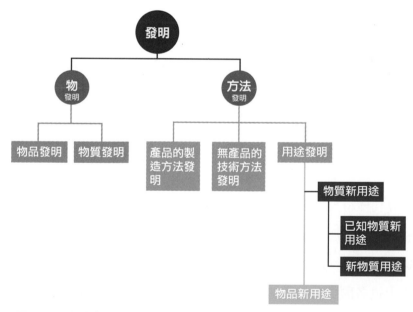

圖 7-3　發明專利之分類。

（二）新型專利（New Model Patent）

係指利用自然法則之技術思想，對物品之形狀、構造或裝置之創作（專利法第104條）；權利期限自申請日起算10年。例如：如新型附鍋蓋的不銹鋼湯鍋。

（三）設計專利（New Design Patent）

係指對物品之形狀、花紋、色彩或其結合，透過視覺訴求之創作（專利法第121 條）；權利期限自申請日起算 15 年。例如：流線型汽車。

二、日本專利類型

日本專利有三種類型，分別為：

1. 特許專利（相當於臺灣發明專利）

係利用自然法則之技術思想中具高度創作者。權利期限自申請日起屆滿 20 年為止。

2. 實用新案專利（相當於臺灣新型專利）

係對物品形狀、構造或裝置，利用自然法則之技術思想的創作。權利期限自申請日起屆滿 10 年為止。

3. 意匠專利（相當於臺灣設計專利）

係對物品之形狀、花紋或色彩或其之結合，於視覺上可引起美感之創作。權利期限自核准公告日起 25 年為止。例如：藏壽司（くら壽司）的半自動式保鮮蓋「鮮度くん」專利（如圖 7-4）。

日本特許廳係日本智慧財產權相關事務的專責機關，申請人如欲申請日本專利，需透過日本專利師向日本特許廳提出專利申請。專利期間內需依規定繳納專利年費，否則專利權將被撤銷。

日本為巴黎公約、專利合作條約（Patent Co-operation Treaty, PCT）、世界貿易組織（World Trade Organization, WTO）等國際條約的會員國，發明或新型專利申請人得依上述各國際公約的規定，於提出第一次專利申請案後 12 個月內向日本提出專利申請時，得主張國際優先權[3]；要求以外國專利申請案之申請日為優先權日，並以優先權日作為判斷日本申請案是否符合新穎性、進步性及先申請原則等專利要件之基準日。設計專利主張國際優先權的期限則為 6 個月。

3. 國際優先權（right of priority）

專利申請中的一種特別的制度，允許申請人主張在國外第一次申請的專利申請案申請日作為判斷該專利是否符合「新穎性」、「擬制喪失新穎性」、「進步性」以及「先申請原則」等專利要件的基準日。

案 例

藏壽司（くら壽司）獨家研發取得日本專利的半自動式保鮮蓋「鮮度くん（商標登錄 5419903）」，名稱為「飲食物搬送用具」。除方便拿取餐點外，更能夠有效防止空氣中細菌、灰塵接觸食物，提供更衛生、安全、舒適的用餐方式，讓顧客吃得更加安心（如圖 7-4）。

圖 7-4　藏壽司之防護蓋「鮮度くん」意匠專利。　藏壽司半自動保鮮蓋

三、中國大陸專利類型

中國大陸專利有三種類型，分別為：

1. **發明專利**

   對產品、方法或者其改進所提出的新的技術方案。權利期限自申請日起算屆滿 20 年為止。

2. **實用新型專利**

   對產品的形狀、構造或者其結合所提出的適於實用的新的技術方案。權利期限自申請日起算屆滿 10 年為止。

3. **外觀設計專利**

   對產品的形狀、圖案或者其結合以及色彩與形狀、圖案的結合所做出的附有美感並適於工業應用的新設計。權利期限自申請日起算屆滿 15 年為止。

四、美國專利類型

美國專利有三種類型，分別為：發明、植物及設計。美國專利及商標局（United States Patent and Trademark Office, 下稱 USPTO）係美國智慧財產權相關事務的專責機關，申請人如欲申請美國專利，需透過美國專利師向美國專利局提出專利申請。

1. 發明專利（Utility Patent）

發現新穎實用之方法、機器、製品或物之組合，或新穎實用之改良者。權利期限自申請日起算 20 年。例如：SONY 申請通過一款在隱形眼鏡上加裝影像擷取和儲存功能的美國發明專利（圖 7-5）。蘋果（Apple）申請一款內建在 Apple Watch 面，可驗證使用者身分的光感測器專利（圖 7-6）。

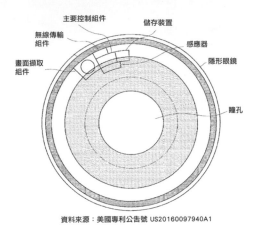

資料來源：美國專利公告號 US20160097940A1

圖 7-5　Sony 申請通過美國專利。

2. 植物專利（Plant Patent）

發明或發現和利用無性繁殖培植出任何獨特而新穎的植物品種包括培植出的變形芽、變體、雜交及新發現的種子苗者。權利期限自申請日起算屆滿 20 年止。

3. 設計專利（Design Patent）

為製品創作的任何新穎、原創之裝飾性設計。自 2015 年 5 月 13 日起，權利期限自公告日起算屆滿 15 年止。

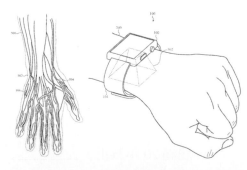

圖 7-6　Apple Watch 背面的光感測器「Wrist ID」，可驗證使用者身分，只要一戴上裝置就能自動解鎖。

五、歐盟專利類型

　　歐洲專利局（European Patent Office, EPO）係歐洲專利權相關事務的專責機關，申請人如欲申請歐洲專利，應透過歐洲專利律師（European Patent Attorney）向歐洲專利局提出相關申請。

　　歐洲專利同盟（European Patent Convention, EPC）主要涉及歐洲地區統一的專利申請的提交、檢索及審查的一個歐洲地區專利條約。由歐洲專利局（European Patent Office, EPO）審查核准的歐洲專利權，可由申請人向所有 EPC 會員國登記，以取得各會員國的專利保護（如表 7-2）。

表 7-2　歐洲專利涵蓋國家

成員國（Member States）共 38 國	<ul><li>阿爾巴尼亞</li><li>奧地利</li><li>比利時</li><li>保加利亞</li><li>克羅埃西亞</li><li>賽普勒斯</li><li>捷克</li><li>丹麥</li><li>愛沙尼亞</li><li>芬蘭</li><li>馬其頓</li><li>法國</li><li>德國</li></ul>	<ul><li>希臘</li><li>匈牙利</li><li>冰島</li><li>愛爾蘭</li><li>義大利</li><li>拉脫維亞</li><li>列支敦斯登</li><li>立陶宛</li><li>盧森堡</li><li>馬爾他</li><li>摩納哥</li><li>荷蘭</li><li>挪威</li></ul>	<ul><li>波蘭</li><li>葡萄牙</li><li>羅馬尼亞</li><li>聖馬利諾</li><li>塞爾維亞</li><li>斯洛伐克</li><li>斯洛維尼亞</li><li>西班牙</li><li>瑞典</li><li>瑞士</li><li>土耳其</li><li>英國</li></ul>
延伸國（Extension States）共 2 國	<ul><li>波士尼亞與赫塞哥維納</li><li>蒙特內哥羅</li></ul>		
認可國（Validation States）共 4 國	<ul><li>柬埔寨</li><li>摩爾多瓦</li><li>摩洛哥</li><li>突尼西亞</li></ul>		

資料來源：作者整理。

　　歐洲的專利制度並沒有包含新型專利。在歐洲，專利與設計是分別由兩部不同的法規所規範，且分別由兩個不同的專責機關管理。

（一）歐洲專利

對於任何有創造性並且能在工業中應用的新發明，授予歐洲專利。權利期限自申請日起屆滿 20 年為止，受理單位為歐洲專利局（EPO）。說明書暨圖示須以英、法或德文三種官方語言任一文本提出。

（二）歐盟設計

包含註冊式設計（Registered Community Design, RCD）以及非註冊式設計（Unregistered Community Design, UCD），兩者在保護的範圍與時間有很大的不同。歐盟智慧財產局（European Union Intellectual Property Office, EUIPO）主管受理註冊式設計申請，並對其進行審查與註冊。其保護的客體為產品本身和（或）其裝飾的線條、輪廓、顏色、形狀、紋理和（或）材料造成產品的整體或部分外觀的特徵。註冊式設計權利期限：自申請日起每 5 年延長一次，最多 4 次，共 25 年；非註冊式設計權利期限：3 年。

為方便讀者學習和清楚了解，彙整各國專利類型與保護年限如表 7-3，方便比較其間差異性。

表 7-3　各國專利類型與保護年限

	中華民國	中國大陸	日本	美國	歐洲
發明	20 年	20 年	發明特許 20 年	實用專利 20 年 植物專利 20 年	歐洲專利 20 年
新型	10 年	實用新型 10 年	實用新案 10 年	―	―
設計	15 年	外觀設計 15 年	意匠特許 25 年	設計專利（公告日起）15 年	申請日起每 5 年延長一次，最多 4 次，共 25 年

註：除美國設計專利自 2015 年 5 月 13 日起，以公告日屆滿 15 年為期限，其他各國、各種類專利年限均以申請日起算。

資料來源：作者整理（註：正確保護年限將依各國修法而有所變動）

六、專利權的用處

　　根據先前所述，我們都知道專利權之重要性，但其有哪些優點和用處呢？以下列舉專利權的用處說明如下：

1. 授權：可以和合作企業取得權利金或進行交互授權。

2. 侵權訴訟：在官司訴訟中，主張他人不可使用，否則將可能侵權。

3. 交易：專利可以進行買賣或讓與。

4. 繼承：專利具財產價值，可以讓繼承人透過合法程序取得繼承權。

5. 財務融資：可用來募集資金、融資貸款。

6. 作為證明：證明自己才是技術原創者。

7. 公司業績：作為公司研發能量的展現，彰顯企業為研發能量強大之企業。

8. 廣告效果：透過專利保護，有助於包裝行銷、廣告宣傳和拓展商機。

9. 保護技術：防止個人或企業研發成果流失或被侵權。

七、專利對研發工程師或發明人意義

　　研發或製造形態的企業重視研發團隊專利基本知識，希望研發人員或發明人應該：

1. 瞭解專利對企業發展及生存的重要。

2. 知道自己或團隊的研發工作與成果哪些可申請專利。

3. 透過專利檢索，可快速學習到他人的技術。

4. 儘量避免侵害他人的專利。

5. 將專利說明書（申請專利的技術文件）撰寫得更好。

八、專利之歸屬

專利申請與維護過程中包括有發明人、新型創作人、設計人或其受讓人、繼承人等角色。僱傭關係存續中所完成發明之權益歸屬所有不同：

1. **職務上所完成之發明、新型或設計**

   (1) 權利歸屬（有契約按約定；無契約則為僱用人）。

   (2) 姓名表示權。

2. **非職務上所完成之發明、新型或設計**

   (1) 權利歸屬（受用人）。

   (2) 若利用僱用人資源或經驗者，僱用人得於支付合理報酬後，於該事業實施。

3. **出資聘人（委託）完成發明，依契約約定。**

問 題 思 考

1. 某大學之「改良射出成型方法」，使利用模具所射出之材料分布更密緻，以提高物品之密度及表面之光滑度，試問該大學應該申請何種專利？

2. A 公司取得馬達之發明專利，B 公司未經 A 公司同意，利用 A 公司馬達專利技術，發展一獨特及符合專利要件之大型風扇，並取得發明專利，試問 B 公司是否有實施其專利之權利？

7-3
專利資訊檢索

第1章
第2章
第3章
第4章
第5章
第6章
第7章
第8章
第9章
第10章

在進行專利技術開發或專利保護時，應善用專利資料庫中的專利資訊，專利資料庫應可查到 90% 以上全世界的發明成果，而其他技術文獻或專業雜誌卻只能看到零星的資訊。如能善用專利資料庫，透過專利檢索和專利文獻回顧將有機會縮短研究時間和研究經費，也可避免侵犯他人專利設計。

在臺灣可以使用經濟部智慧財產局所提供之免費專利資料庫（中華民國專利資訊檢索系統和全球專利檢索系統）進行專利檢索查詢。其他國家如日本專利檢索系統、中國大陸專利檢索系統、美國專利檢索系統、歐洲專利檢索系統、Google 專利檢索系統等（如表 7-4）。其中中華民國專利資訊檢索系統檢索方式包括：專利檢索（一般簡易檢索）、進階檢索、號碼檢索、布林檢索、表格檢索等項目，檢索時必須選擇正確欄位以限定檢索目標。

在專利檢索技巧上，很重要的是能盡量找的齊全且要找得精準。應盡可能涵蓋所有相關的關鍵字、納入主要專利權人或發明人的資訊、如在美國專利可以使用 IPC 或 UPC 等分類號、運用抽樣篩檢專利等技巧。

表 7-4　各國的檢索系統

檢索系統	網址
中華民國專利資訊檢索系統	https://twpat1.tipo.gov.tw
智財局全球專利檢索系統	https://gpss4.tipo.gov.tw
日本專利檢索系統	https://www.j-platpat.inpit.go.jp
中華人民共和國專利檢索系統	http://pss-system.cnipa.gov.cn
美國專利檢索系統	http://www.uspto.gov
歐洲專利檢索系統	https://worldwide.espacenet.com
Google Patents 專利檢索系統	https://patents.google.com

資料來源：作者整理。

7-4 專利申請與審查

　　申請專利，必須向政府機關提出「專利說明書」，明確且充分揭露其發明技術的內容到可具體實施的地步（不可僅是漫天空想），並界定請求的權利範圍。請求的權利範圍如不符合專利要件（例如：發明是既有的習知技術），就會被駁回，無法取得專利權。由於專利要件的判斷涉及不確定法律概念，專利專責機關對專利範圍在其判斷餘地中所為的專業判斷經常引發爭議，因而導致專利爭訟。以下為專利申請之重要事項提醒：

1. 單一性原則：一發明一申請。

2. 專利代理人：專利需透過合格專利代理人進行申請。

3. 申請發明專利的內容（專利說明書）：由專利申請權人備具申請書、說明書及必要圖式，向專利專責機關申請之。專利說明書（Specification），其內容包括下列事項：(1) 發明、新型名稱。(2) 所屬技術領域。(3) 先前技術。(4) 發明內容。(5) 圖式簡單說明。(6) 實施方式。(7) 符號說明。(8) 基因序列表。(9) 申請專利範圍：A. 明確界定發明之技術範圍，作為保護專利之法律依據。B. 告知社會大眾專利權之範疇。(10) 圖式：其作用在於補充說明書文字不足的部分。

4. 申請日：申請專利以申請書、說明書及必要圖示齊備之日為申請日。

5. 申請案之改請：分割申請及申請改請。

6. 申請費：各項申請費用如表 7-5 所示。

7. 年費（如表 7-6 所示），相關補充說明如下：

   (1) 核准專利者，專利權人應繳納證書費及專利年費。

   (2) 請准延長、延展專利者，在延長、延展期限內，仍應繳納專利年費。

   (3) 第二年以後之年費，未於應繳納專利年費之期間內繳費者，得於期滿 6 個月內補繳之，但其年費應按規定之年費加倍繳納。

表 7-5 中華民國專利申請費用

編號	案 別	金 額 （元）
1	申請發明專利。申請改請為發明專利。發明申請分割。設計申請再審查。	3,500
2	申請新型專利。申請改請為新型專利。新型申請分割。申請設計專利。申請衍生設計專利。申請改請為設計專利或衍生設計專利。設計申請分割。	3,000
3	設計申請舉發。	8,000
4	發明申請實體審查（說明書、申請專利範圍、摘要及圖式合計在 50 頁以下且請求項合計在 10 項以內者）。 發明申請再審查（說明書、申請專利範圍、摘要及圖式合計在 50 頁以下且請求項合計在 10 項以內者）。	7,000
5	發明申請實體審查、發明申請再審查，其請求項超過 10 項者，每項加收 800 元。 發明、新型申請舉發，依舉發聲明所載之請求項按項加繳，每 1 請求項加收 800 元。	800
6	發明申請實體審查、發明申請再審查，前二項其專利說明書、申請專利範圍、摘要及圖式超過 50 頁者，每 50 頁加收 500 元；其不足 50 頁者，以 50 頁計。	500
7	申請新型專利技術報告（請求項合計在 10 項以內者）。申請勘驗。 發明、新型申請舉發（適用依請求項數逐項舉發案）。	5,000
8	申請新型專利技術報告，其請求項超過 10 項者，每項加收 600 元。	600
9	發明申請舉發（適用專利權期間延長、專利申請人不適格或違反互惠原則之情形）。	10,000
10	發明申請延長專利權 新型申請舉發（適用專利申請人不適格或違反互惠原則之情形）。	9,000
11	申請舉發案補充理由、證據。發明申請更正說明書、申請專利範圍或圖式。設計申請更正說明書或圖式。 新型更正說明書、申請專利範圍或圖式。申請回復優先權主張。申請誤譯之訂正。	2,000
12	申請提早公開發明專利申請案。申請面詢。	1,000
13	以商業上之實施所必要，或適用支援利用專利審查高速公路加速審查作業方案，或所請發明為綠能技術相關者，申請加速審查者。	4,000

第 1 章
第 2 章
第 3 章
第 4 章
第 5 章
第 6 章
第 7 章
第 8 章
第 9 章
第 10 章

編號	案別	金額 （元）
14	申請變更申請人之姓名或名稱、印章或簽名。申請變更發明人、新型創作人或設計人，或變更其姓名。 申請變更代理人。申請變更有關專利權授權、質權或信託登記之其他變更事項者，每件 300 元；其同時申請變更二項以上者，亦同。	300
15	發明申請強制授權專利權。發明申請廢止強制授權專利權。	100,000
16	申請專利申請權或專利權讓與或繼承登記。申請專利權授權或再授權登記。申請專利權授權塗銷登記。申請專利權質權設定登記。 申請專利權質權消滅登記。申請專利權信託登記。申請專利權信託塗銷登記。申請專利權信託歸屬登記。	2,000
17	發明、新型專利年費第一年至第三年，每年	2,500
18	自然人、學校及中小企業得減免專利年費，發明、新型第一年至第三年每年減免 800 元，減免後每年	1,700
19	發明專利年費第四年至第六年，每年核准延展之專利權，每件每年年費	5,000
20	自然人、學校及中小企業得減免發明專利年費，第四年至第六年每年減免 1200 元，減免後每年	3,800
21	發明專利年費第七年至第九年，每年	8,000
22	發明專利年費第十年以上，每年	16,000
23	新型專利年費第四年至第六年，每年	4,000
24	自然人、學校及中小企業得減免新型專利年費，第四年至第六年每年減免 1200 元，減免後每年	2,800
25	新型專利年費第七年以上，每年	8,000
26	設計專利年費第一年至第三年，每年	800
27	自然人、學校及中小企業得減免設計專利年費，第一年至第三年每年減免 800 元，減免後每年	0
28	設計專利年費第四年至第六年，每年	2,000
29	自然人、學校及中小企業得減免設計專利年費，第四年至第六年每年減免 1200 元，減免後每年	800
30	設計專利年費第七年以上，每年	3,000
31	專利證書費。申請發給證明書件。	1,000

編號	案別	金額（元）
32	補發或換發專利證書費。	600
33	申請核發、補發或換發專利師證書費。	1,500
34	申請補發或換發專利代理人證書費。	1,500

資料來源：經濟部智慧財產局。

表 7-6　第二年以後每年專利費應繳金額表列

專利類型	繳納年度	應繳金額											
		一般資格						符合減收資格					
		依限繳費	逾1日至1個月	逾1日至2個月	逾2日至3個月	逾3日至4個月	逾4日至6個月	依限繳費	逾1日至1個月	逾1日至2個月	逾2日至3個月	逾3日至4個月	逾4日至6個月
發明	2-3 年每年	2500	3000	3500	4000	4500	5000	1700	2040	2380	2720	3060	3400
	4-6 年每年	5000	6000	7000	8000	9000	10000	3800	4560	5320	6080	6840	7600
	7-9 年每年	8000	9600	11200	12800	14400	16000	第 7 年起無減收規定，依左側一般金額繳納					
	10 年以上每年	16000	19200	22400	25600	28800	32000						
新型	2-3 年每年	2500	3000	3500	4000	4500	5000	1700	2040	2380	2720	3060	3400
	4-6 年每年	4000	4800	5600	6400	7200	8000	2800	3360	3920	4480	5040	5600
	7-9 年每年	8000	9600	11200	12800	14400	16000	第 7 年起無減收規定，依左側一般金額繳納					
設計（新式樣）	2-3 年每年	800	960	1120	1280	1440	1600	0					
	4-6 年每年	2000	2400	2800	3200	3600	4000	800	960	1120	1280	1440	1600
	7-9 年每年	3000	3600	4200	4800	5400	6000	第 7 年起無減收規定，依左側一般金額繳納					

依據專利法第 94 條規定，第 2 年以後之專利年費，未於應繳納專利年費之期間內繳費者，得於期滿後 6 個月補繳之。但其專利年費之繳納除原應繳納之專利年費外，應依逾越應繳納專利年費之期間，按月加繳，每逾一個月加繳百分之二十，最高加繳至依規定之專利年費加倍之數額；其逾繳期間在一日以上一個月以內者，以一個月論。

資料來源：經濟部智慧財產局。

一、發明專利審查及行政救濟程序

我國發明專利申請審查及行政救濟程序依循圖 7-7 之流程進行，相關說明如下：

1. 發明專利申請案，經程序審查認無不合規定程式且無應不予公開之情事者，自申請日起 18 個月後公開之。

2. 發明專利申請日後 3 年內，任何人均得申請實體審查，始進入實體審查。

3. 發明專利申請案經核准審定者，申請人應於審定書送達 3 個月內，繳納證書費及專利年費後，始予公告。

4. 發明專利申請案經初審審定為核駁，申請人對於審定有不服者，得於審定書送達後 2 個月提起再審查。

5. 發明再審申請案經再審審定為核駁，申請人對於審定有不服者，得依法於審定書送達後 30 日內提起行政救濟。

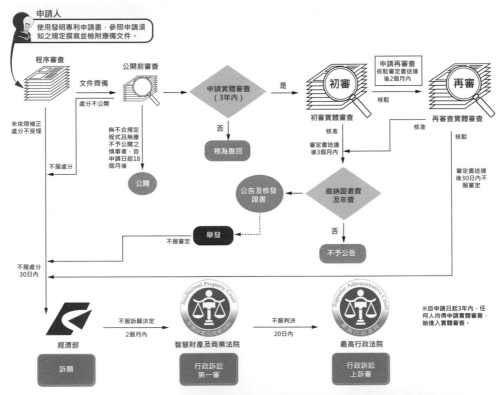

圖 7-7　發明專利審查及行政救濟流程（資料來源：經濟部智慧財產局）。

二、新型專利審查及行政救濟程序

我國新型專利申請審查及行政救濟程序依循圖 7-8 之流程進行，相關說明如下：

1. 新型專利申請案經形式審查為核准者，申請人應於處分書送達 3 個月內，繳納證書費及專利年費後，始予公告。

2. 新型專利申請案經形式審查為核駁，申請人對於處分有不服者，得依法於處分書送達後 30 日內提起行政救濟。

3. 新型經公告後，任何人均得申請新型專利技術報告。

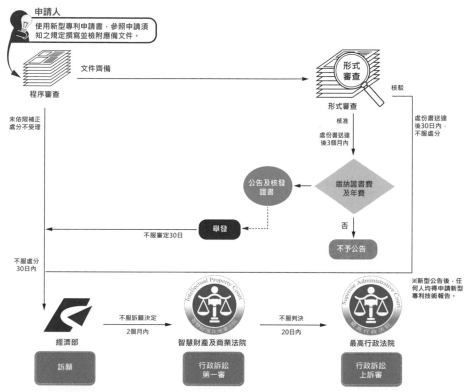

圖 7-8　新型專利審查及行政救濟流程（資料來源：經濟部智慧財產局）。

三、設計專利審查及行政救濟程序

我國設計專利申請審查及行政救濟程序依循圖 7-9 之流程進行，相關說明如下：

1. 設計專利申請案經核准審定者，申請人應於審定書送達 3 個月內，繳納證書費及專利年費後，始予公告。

2. 設計專利申請案經初審審定為核駁，申請人對於審定有不服者，得於審定書送達後 2 個月提起再審查。

3. 設計再審申請案經再審審定為核駁，申請人對於審定有不服者，得依法於審定書送達後 30 日內提起行政救濟。

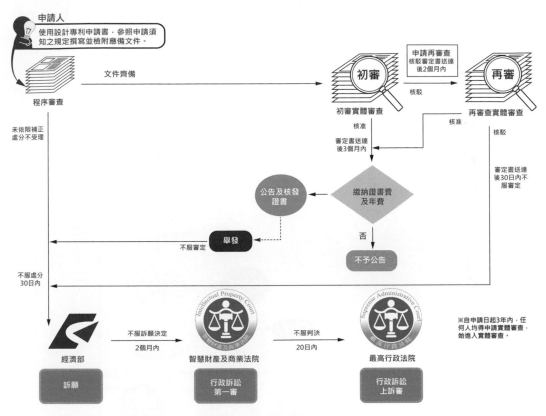

圖7-9 設計專利審查及行政救濟流程（資料來源：經濟部智慧財產局）。

綜上所述，臺灣專利申請首要注意適格標的，因為三種不同專利有三種不同的審查流程與審查方法，必須在申請之初就依照不同專利申請文件與辦理程序進行，因此歸納如表7-7所示。

表 7-7 臺灣專利種類與審查彙整

專利種類	審查方式
發明	形式審查、實質審查（被動審查、延遲審查）
新型	形式審查
設計	形式審查、實質審查（主動審查）

資料來源：作者整理。

7-5 專利侵害與救濟

一、專利侵權理論

各國專利侵權事件層出不窮，天天在媒體中上演，例如：德國賓士汽車告我國帝寶公司副廠車燈侵害其賓士汽車車燈專利、中國大陸公牛插座侵權遭索賠 10 億元等。一般在判斷是否侵權主要有三大侵權理論作為依據，分別是：均等論原則（Doctrine of Equivalent）、全要件原則（All Element Rule）及禁反言原則（Doctrine of Fire Wrapper Estoppels）。

（一）均等論原則（Doctrine of Equivalent）

係指被控侵權物品或方法雖未落入申請專利範圍之字面意義內，倘其差異或改變，對其所屬技術領域中具有通常知識之人而言，有「置換可能性」、「置換容易性」時，則被控侵權之物品或方法與申請專利範圍所載之技術內容間，兩者成立均等要件。

（二）全要件原則（All Element Rule）

係指被控侵權物品或方法，具有專利權人所申請專利範圍之請求項之每一個構成要件，且其技術內容相同時，而完全落入申請專利範圍之字義範圍內，則構成初步之專利侵權，被告只要能提出相當之證據，證明申請專利範圍中有一項以上之技術特徵，為系爭對象所缺少，即不符合全要件原則。

（三）禁反言原則（Doctrine of Fire Wrapper Estoppels）

係指專利權人於申請過程之階段或提出之文件上，已明白表示放棄或限縮之部分，其嗣後於取得專利權後或專利侵權訴訟中，不得再行主張已放棄限縮之權利。

第 1 章
第 2 章
第 3 章
第 4 章
第 5 章
第 6 章
第 7 章
第 8 章
第 9 章
第 10 章

二、專利侵害救濟

一般在專利侵害之救濟有損害賠償請求權、禁止侵害請求權、銷毀請求權、回復名譽請求權及業務信譽損害請求權。相關說明如表 7-8。

表 7-8　專利侵害救濟說明

專利權之侵害救濟	說明
請求權人	專利權人與專屬被授權人
損害賠償請求權	過失責任主義
損害賠償之計算	具體損害計算說、差額說、總利益說、總銷售額說
懲罰性賠償金	故意侵害專利行為
禁止侵害請求權	無過失責任主義，分為排除侵害與防止侵害請求權
銷毀請求權	無過失責任
回復名譽請求權	判決書全部或一部登報
業務信譽損害請求權	非財產上之損害

資料來源：作者整理。

7-6
專利大數據

近年來由於科技日新月異：資料收集方式多元化、儲存裝置容量與資料分析速度倍增，使得大數據分析逐漸成為顯學，也使得以往要透過問卷收集、統計分析才能獲得的潛在的、敘述性的使用者資訊，可以透過大量的母體資料收集，直接獲得顯示性的結果。這也使得管理所依據的科學數據基礎，有了根本的轉變。大數據的專業應用領域來源包括：行銷大數據、金融大數據、教育大數據、交通大數據、專利大數據……，而各項大數據可能因涉及商業機密而不被公開、可能因牽涉個人資

訊而無法取得，唯有專利大數據是政府公開的資訊，如果可以用來作為某些分析的基礎，應該是大數據分析很好的素材，也可以為政府施政、產業發展、公司治理、個人研發等帶來很好的靈感。

一、專利的功能

1. 發展新興科技

透過專利組合與地圖（Road Map）發展新興科技。

2. 建立技術領域知識庫

利用知識表述技術，將專利與智財之知識進行描述、建構、關聯與視覺化。

3. 辨識各企業與國家之創新能力與競爭力

透過資訊化專利分析之手法與工具。

4. 幫助研發人員創造新的發明

以自動化軟體自動解析專利技術與內涵。

5. 監控並導引企業新興的技術發展趨勢

透過專利資訊技術與知識管理，建構智慧型創新研發系統與平臺。

二、專利相關的研究

專利是跨工程、管理和法律領域的專業，因為專利不啻是技術的文件（專利說明書必須充分揭露技術內容，使該專業領域專家可據以重複實施），也是法律的文件（專利申請範圍的主張與保護是侵權鑑定的判斷依據）。一般而言，專利相關的研究至少包括以下幾大部分：

（一）專利趨勢分析

透過專利大數據分析瞭解各國產業（公司產品、技術）之發展方向與目標。包括：專利申請時間、申請數量、申請領域、發明人 / 申請人狀態等，可以進行國家

競爭力分析、產業優勢分析、競爭公司技術優勢分析……。也可以說是結合專利資訊的產業分析方法。

（二）專利法務分析

透過專利大數據分析訴訟地點與訴訟策略，或是以訴訟案例、賠償金額……，利用專利評估指標進行專利鑑價。前者強調法律條文與訴訟內容之研究，進行產品專利內容訴訟的攻防，包括：法律訴訟之研究、法庭攻防的內容、法務代理人的選擇……。後者重視實務商業價值，提供專利或技術授權、公司併購、合作開發商品等項目時，作為智慧財產權移轉、商業價值應用協商之參考基礎。

（三）產品技術分析

專利技術領域之回溯：拆解產品、思考專利與查詢專利資料庫，從而迴避設計。

（四）知識移轉暨知識擴散分析

移轉與擴散的過程：專利趨勢分析的延伸，機構間、學術間、技術間的週期、不同領域技術擴散。

三、專利數據分析的準備工作

科學化的數據分析與預測所仰賴的重點就是數據，因為 Garbage in, Garbage out！所以在專利數據擷取、清洗、分析前，應該要注意以下幾項：

1. **界定主題（研究範圍：技術或產品所涵蓋的範圍）**

2. **探究主題發展歷史、現況與未來**

3. **產業分析**

   包括：產業發展、供應鏈分析（產業上中下游）、競爭廠商資料匯整等有關產業分析相關的準備工作，可促進對該主題的技術內涵、技術創新所面臨的課題、所欲達成功效等方面的了解。

4. **關鍵字**

   包括：中英文關鍵字（小心特定地區或國家、企業特殊的專有名詞、該技

術領域專有用法）、專有或可能出現的技術分類號（或是可能引證的分類號）。在找到珍珠專利（絕對相關、極有參考價值的專利）後，詳細閱讀並增加檢索者的專業知識是絕對必要的。也可以從中獲得其他關鍵字、技術分類號、專利申請者等資訊。

5. **查全和查準之間的抉擇**

查全（回收率）、查準（正確率）是專利檢索重要的判斷依據，查全是在特定檢索條件下，所找到目標專利占資料庫中所有目標專利的百分比。理想狀態是希望使用特定檢索條件，即可將資料庫中所有目標要搜尋的專利均找全，不遺漏任何一筆專利（某種程度也可以說是對於該次檢索結果的滿意程度）；查準則是在特定檢索條件下，所找到的目標專利占該次檢索得到專利筆數的百分比，100% 代表該次檢索所得的專利均為目標專利，最極端的例子就是只找到一筆，但那一筆就是檢索目標的專利。

查準（準確率）：$Acc = \dfrac{X}{B}$

查全（回收率）：$Sat = \dfrac{X}{C}$

其中 B：代表該次特定檢索條件所檢索得到的專利筆數；

X：代表該次特定檢索條件所檢索得到的目標專利筆數；

C：代表資料庫中所有目標專利的筆數，很可能是估計值，因為正確的筆數較難得到，或是必須經過多次、多人通力合作，所得到的結果。

四、專利數據分析的項目

（一）總體專利趨勢與生命週期曲線分析

這部分的分析一方面是單純從數量上看出技術或產業的發展趨勢，但也可以作為技術預測或是生命週期判斷的依據，所以又可分為以下幾大類：

1. **專利申請趨勢分析**

專利申請數量（件數）為縱軸、年份為橫軸，以申請日或公告日為基準進行分析。如果是早期公開資料庫所獲得數據，可以分析最新的技術趨勢發

展；如果是公告資料庫的數據，則一定是專利，但近年的數據一定會下降，原因並非技術發展到達瓶頸，而更可能是因為近年的專利申請尚未被核准，而導致專利數量下降。

2. **不同國家別專利資料庫趨勢分析（以申請日、或公告日分析）**

同前（第 1 項）專利申請趨勢，以專利申請數量（件數）為縱軸、年份為橫軸，以申請日或公告日為基準進行分析，可以看出不同國家在自己國家或其他國家的專利申請趨勢。

這時的專利資料庫指的是中華民國專利資料庫、美國專利暨商標局的專利資料庫、中國專利資料庫，或是日本專利資料庫、歐洲專利資料庫等。研究結果可代表市場發展、或許代表生產製造工廠的發展，也或許可以做為產業發展或邊緣化的指標。因為專利申請可能代表該地區是公司或企業的銷售市場或生產基地。

3. **生命週期曲線**

技術或產品生命週期曲線至少有三種表達方式：

(1) 歷年專利累積件數分析

這項分析是以專利申請歷年累積件數（一般也可能用績效參數取代）為縱座標、年代為橫座標，分析結果可能會如下圖之生命週期曲線，可以作為技術或產品生命週期預測判斷的依據，包括：萌芽期、成長期、成熟期、衰退期。

(2) 各年份專利件數與專利權人數分析

以專利申請件數為縱軸、申請的專利權人數為橫軸，也就是以當年度的數據做為點座標繪圖，通常可能呈現散布狀，但若如圖之趨勢則可以說明技術或產品生命週期之發展趨勢。一般技術發展初期，開始時專利權人數少、專利件數不多，因此可能從原點開始；接著專利權人數依然不多（投入的企業與公司不多），但專利件數漸漸有所成長，因此朝圖形右下方前進；隨後有跟隨者進入市場，而且專利件數大幅成長，因此往圖形右上角前進；之後可能有公司或企業合併，因此專

利權人數漸漸變少，但專利件數仍舊成長、甚至因為公司與市場增長而大幅成長，因此曲線朝圖形上方上升；最後經過高點，專利權人數下降、專利件數也下降。但值得注意的是，這裡所提到的專利件數是各年度的數值，而非歷年累積件數，否則縱座標只會上升而不會下降。

(3) 各年份專利件數與發明人數分析

以專利申請件數為縱軸、申請的發明人數為橫軸，也就是以當年度的數據做為點座標繪圖，一般可能呈現散布狀。如同上述的各年份專利件數與專利權人數分析，也可以說明技術（或產品）生命週期之趨勢。

（二）國家別與公司別專利趨勢分析

透過發明人（或申請人、專利權人）所屬國家進行國家別趨勢分析。以獲得在所檢索之專利資料庫（管轄國家）中，各國專利申請數量的趨勢，可作為技術發展、生產，以及市場之趨勢分析參考，可以包括以下四種：

1. 國家別歷年專利申請趨勢分析（以申請日分析）

2. 國家別歷年專利申請趨勢分析（以公告日分析）

3. 公司別歷年專利申請趨勢分析（以申請日分析）

4. 公司別歷年專利申請趨勢分析（以公告日分析）

（三）技術趨勢分析

技術發展趨勢分析可以作為國家科技政策擬定、研發資源分配、產業重點發展建議、公司研發方向擬定、研發策略訂定、智慧財產權獲得方式、智慧財產權管理、公司競爭策略等之參考基礎。

（四）申請人相關的數量趨勢分析

透過發明人（或申請人、專利權人）所屬國家或公司進行技術發展趨勢與項目分析，可獲得不同國家與不同公司研發方向，作為國家科技政策擬定、研發資源分配、產業重點發展建議、公司研發方向擬定、研發策略訂定、智慧財產權獲得方式、智慧財產權管理、公司競爭策略等之參考基礎。

1. **國家別各項技術發展趨勢分析**

   以公開或公告資料庫所擷取的專利資料，透過國際專利分類號（IPC、CPC）、國際設計專利分類號（Locarno）、美國專利分類號（USPC），或其他專利分類號（F-term、日本意匠分類號……），將不同國家的專利進行分類，並分析各國家在不同技術領域歷年發展趨勢。

2. **國家別技術競爭態勢分析**

   同上述，以公開或公告資料庫所擷取的專利資料，透過各種專利分類號將不同國家的專利進行分類，並分析各國家在不同技術領域的強弱、優劣勢。

3. **公司別各項技術發展趨勢分析**

   同上述，以公開或公告資料庫所擷取的專利資料，透過各種專利分類號將不同公司的專利進行分類，並分析各公司在不同技術領域歷年發展趨勢。

4. **公司別技術競爭態勢分析**

   同上述，以公開或公告資料庫所擷取的專利資料，透過各種專利分類號將不同公司的專利進行分類，並分析各公司在不同技術領域的強弱、優劣勢。

（五）申請人相關的技術分析

1. **專利引證數分析**

   包括專利自我引證、他人引證、總引證次數等，有時會除以專利件數，甚至考量專利活動年期、企業成立年數、研發團隊規模（人數）等，以進行標準化的分析。

2. **專利技術功效矩陣**

   以技術、功效分類為縱橫兩軸做成表格，表格內可以為：專利數量統計、專利號碼、專利權人列表等。表格內的數量多，可能代表紅海，表示競爭激烈；表格內數量少，可能代表研發的藍海或是因存在矛盾而不可能有相關發明。通常會以此技術功效矩陣作為挖洞研發之參考基礎。但技術功效矩陣須先由專利分類表查詢、或是閱讀專利後，經由專家或研究者界定，初步決定魚骨圖、分類基準，然後才進行專利閱讀、分類與統計。

（六）專利引證族譜圖

經由專利間相互引證關係繪製所謂族譜圖，一般可以用來分析以下幾種情形，對於短期間內界定重要專利或專利引證關鍵鏈，建議專利工程師優先閱讀，並藉以做為系統輔助研發的基礎。

1. 技術來源或技術族群分析。

2. 專利引證關鍵鏈。

3. 重要專利推薦。

7-7
進階應用與管理實務

一、專利申請時應注意事項

本小節並不進行專利說明書撰寫的說明，而是依作者多年實務經驗，就管理面提醒專利申請應注意的相關事項。

（一）適格標的

由於各國專利制度不同，專利種類與審查制度也不相同，因此單位（企業或學校）在推薦、申請專利之前，應特別認清所欲申請的專利種類與相關規定。例如：臺灣專利分為發明、新型、設計等三種。如果申請錯誤的類別，專利主管機關並不會建議分類，而是直接按照程序進行審核，因此，選擇適當的專利類別申請是專利申請的基礎常識。當然，實務上為爭取較早的申請日，也常有一案兩請（同時申請發明和新型專利）的狀況。

1. 發明專利

係利用自然法則之高度技術思想創作，包含物品及方法兩種。遞件後形式

審查，然後主管單位等待申請人提出請求才進行實質審查（也就是被動審查、延遲審查），三年內任何人可以提起實質審查。而無論是否進入實質審查，18 個月後會被公開，即所謂早期公開。

2. **新型專利**

係利用自然法則之技術思想創作，一般指功能不變、但操作方式改變，只有物品的專利，所以專利申請書和發明不同，不會有化學式項目。新型專利申請於遞件後進行形式審查，核准後就會通知繳費、公告並領證，因此也就沒有產業利用性、新穎性和進步性的實質審查。

領有新型證書並不代表可以據以對抗第三人，如果要進行訴訟，必須再申請技術報告，以確認是否具有專利三要件。因為新型專利權人行使新型專利權時，如未提示新專利技術報告，不得進行警告（專利法第 116 條）。

3. **設計專利**

主要是外觀設計。設計專利遞件，經形式審查後，專利主管機關會逕行指派審查官對於實質內容進行審查，也就是所謂主動審查。當然也有早期公開制度，因此 18 個月後無論審查狀況如何，均會對專利申請內容加以公開。

（二）聲明事項

專利實質審查三要件中的新穎性以申請日為基準，若是申請日以前即有其他專利申請、實質應用的案例、相關的產品等，極有可能因喪失新穎性而核駁專利申請案件。反過來說，如果沒有以下幾種情況，則得依法申請取得發明專利（專利法第 22 條，也就是所謂新穎性的法源）：

1. 申請前已見於刊物者。

2. 申請前已公開實施者。

3. 申請前已為公眾所知悉者。

但如果申請人有下列情事之一，並於其事實發生後 12 個月內申請（即所謂優惠期：發明專利 12 個月內；設計專利 6 個月內），該事實非屬第一項各款或前項

不得取得發明專利之情事，包括：

1. 因實驗而公開者。

2. 因於刊物發表者。

3. 因陳列於政府主辦或認可之展覽會者。

4. 非出於其本意而洩漏者。

則申請人主張第 1 款至第 3 款者，應於申請時敘明其事實及其年、月、日，並應於專利專責機關指定期間內檢附證明文件。

實務上，學生的碩士論文內容先行口試、隨後典藏國家圖書館，但老師和學生將內容申請專利，此時很有可能因論文已公開發表而喪失新穎性。因此，專利申請時必須把握 12 個月的優惠期（在臺灣：發明與新型專利 12 個月；設計專利則為 6 個月）。另外，於申請專利的同時，專利說明書、申請書上必須載明聲明事項，始得主張優惠期。

（三）申請期程

除了上述的優惠期，另外有國際優先權、國內優先權是為了彌補專利屬地主義的缺陷，以及協助專利申請人可以隨後補充、加強專利說明書的撰寫（同一內容，但自覺專利權利宣告範圍寫的並不理想而修改；或是有新的發明而產生部分繼續申請）。但這類的優先權一樣會有時效性，而且同一專利申請案，可能因為不同部分而有不同的效期，例如：部分延續案可能 A 部分時間優先權主張期限已到，或甚至已早期公開全案，而使得 B 部分一併被公開。這時就會影響優先權的判斷，而可能因公開而喪失新穎性。

二、專利管理制度建置

臺灣的智慧財產權管理（智權管理）問題，過去因為外在環境與內部需求存在以下幾點而需要加強建立：

1. 國家形象提升：我國智權保護之正面形象仍待塑造。

2. 智權障礙排除：侵權訴訟與高額賠償影響國家的國際競爭力。

3. 企業營運建議：不知如何有效面對或管理智權。

4. 政府計劃管控：政府欠缺智權管理能力與執行成效評量標準、認證制度。

企業專利管理（智慧財產權管理）制度的建立，一方面可以鼓勵員工創作發明、刺激企業創新、累積並提升企業競爭力；二方面可以保護自身技術秘密、監控對手發展、建立競爭門檻與屏障；第三也可以促進產業與企業發展趨勢的了解、掌握競爭與合作的機會與契機。

因此，經濟部於 2007 年起仿照 ISO 建立臺灣智慧財產管理規範（Taiwan Intellectual Property Management System, 以下簡稱 TIPS）（後修訂 2016 版，相關制度可參考 TIPS 官方網址 https://www.tips.org.tw/default.asp：如圖 7-10），旨在使導入之組織以 PDCA 管理循環（Plan-Do-Check-Act），建立一套將智慧財產權管理與營運目標連結的系統化管理制度。此一制度的設計是由組織自主決定是否導入智慧財產權模式、部分組織導入也可以，然後依 TIPS 推動體系工作小組公告之驗證事項，檢附相關文件向工作小組申請。若經資格審查、書面審查、會議審查與實地審查通過，則由工作小組編號、登錄公告，並由主管機關核發「TIPS 驗證登錄證書」。

圖 7-10　臺灣智慧財產管理制度（圖片來源：TIPS 網站）。

（一）臺灣智慧財產管理規範（TIPS）

　　經濟部工業局委由資策會科技法律研究所，自 2008 年起執行「推動企業建置智慧財產管理制度計畫」，藉由臺灣智慧財產管理規範（TIPS）的建立與推動，實現「全面普及我國廠商、財團法人、研究機構智慧財產管理制度」的願景；同時建立公平、公正之驗證機制，俾利企業取得具備智慧財產管理能力之證明。

　　為進一步促進企業運用智慧財產創造營運效益，貫徹「產業創新條例」第 12 條、第 14 條，及「公開發行公司建立內部控制制度處理準則」之研發循環控制作業，資策會科法所自 2012 年起執行「強化企業智慧財產經營管理計畫」，以推動三位一體觀念，即智財策略、研發策略與事業策略的一體化，有效率地運用經營資源並合理管理智財風險，藉以達成集中資源，減少重複研發投資，提升智財運用能量，進而增進企業整體獲利營運績效。且自 2016 年起朝向智財管理經營分級標準，針對不同智財能量、不同制度需求之企業提供適性資源，以拓展分級分類之智財管理認知與制度建置。

　　實際上希望透過計畫的執行，達到以下幾項目標：

1.　建立智權經營管理模式。

2.　舉辦智權經營管理推廣與經驗交流。

3.　進行智權經營管理人才培訓。

4.　提供智權經營管理輔導服務。

5.　受理智權經營管理驗證服務。

6.　提供智權經營管理線上軟體資源。

至於推動措施、推動重點，以及政策依據，則請參見圖 7-11 所示。

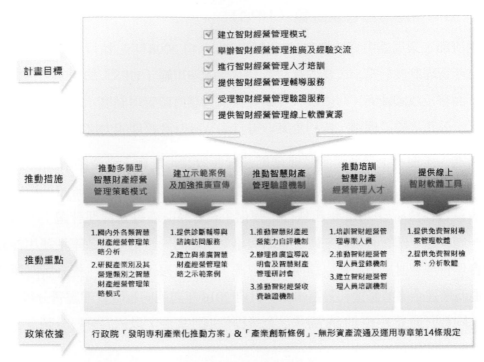

圖 7-11　強化企業智慧財產經營管理計畫（圖片來源：TIPS 網站）。

（二）網站與認證分級制度

臺灣智慧財產管理規範（TIPS）官網提供：診斷輔導、制度輔導、研習活動、教育訓練與軟體服務等參考資源、分級驗證簡介等資訊，可參見圖 7-12 所示。其中分級制度包括 B 級（認知）、BB 級（保護）、A 級（管理）、AA 級（深化）、AAA 級（活化），請參見圖 7-13 與表 7-9 的說明。

表 7-9　臺灣智慧財產管理規範分級驗證彙整說明

等級	目標	分級標準	管理重點
B	認知	—	強化智權知識與認知
BB	保護	BB 級規範	學習智權保護與控制損失
A	管理	A 級規範	避免智權爭議與增加防禦
AA	深化	AA 級規範	智權管理與營運整合
AAA	活化	—	建立智權競爭策略與創造收益

資料來源：TIPS 官網／作者整理。

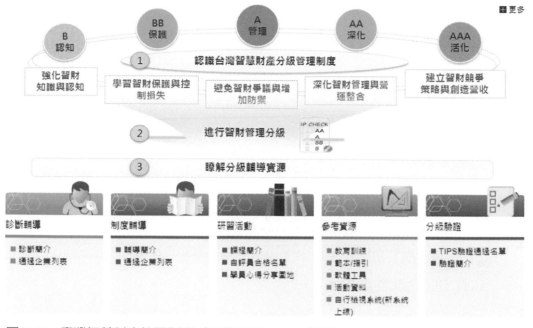

圖 7-12　臺灣智慧財產管理制度（圖片來源：TIPS 網站）。

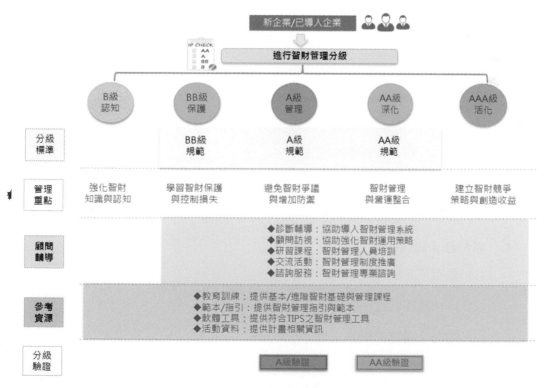

圖 7-13　臺灣智慧財產管理制度（圖片來源：TIPS 網站）。

（三）專利技術生命週期管理流程、組織與文件

專利生命週期中包括：申請、維護和放棄等，對於企業鼓勵創作發明、防止侵權、維護自身智權、積極運用獲取利益等方面均有莫大助益。每一階段都需要建立管理制度，例如：

1. **創意發覺階段（創意構想書揭露）**

   (1) 舉辦各種研習、訓練與工作坊。

   (2) 訂定各種創意提案、專利申請、獲證、授權的獎勵辦法。

   (3) 提供專業智慧財產權管理諮詢與輔導管道。

2. **（組織內部）初步揭露**

   (1) 建立內部審查機制。

   (2) 訂定內部審查辦法、設計相關申請表單。

   (3) 成立內部審查組織，任命專責人員。

3. **（對外）申請專利**

   (1) 委外單位的遴選機制。

   (2) 保密協定的簽署。

4. **專利維護**

   (1) 是否繼續維護的決定。

   (2) 是否申請其他保護的決定。

   (3) 如何尋求授權的機會。

   (4) 術推廣人員的鼓勵機制……。

5. **專利終止維護**

   (1) 是否終止維護的決定。

   (2) 終止維護的程序、辦法、相關表單。

   (3) 轉售、轉讓的辦法、程序……。

圖 7-14 是專利申請、維護和放棄流程示意，說明各階段可能的流程事項、權責部門，以及應處理事項，作為專利管理的參考。

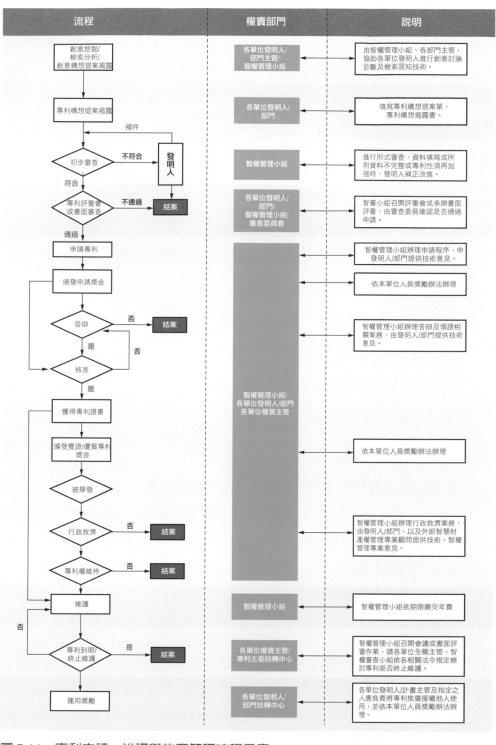

圖 7-14 專利申請、維護與放棄管理流程示意。
資料來源：101 年「行政院勞委會勞工安全衛生研究所」科技研發成果無體財權管理
　　　　　制度建置服務（2012 年 5 月～ 11 月，計畫主持人：賴以軒）

（四）其他管理制度

專利管理過程還有許多需要管理的部分，組織和企業在建立智慧財產權管理制度時，應考量本身所需，針對流程進行設計，並考慮建立配套的管理組織、文件申請制度，以及文件格式與文件管制等，以保障組織專利與技術秘密（智慧財產權）不致外洩並維護或主張權利，以下僅列舉幾項作為參考：

1. 人員管制

包括：進出管制、接觸技術秘密或專利申請的互動關係人等必須簽署相關保密協定。以下列出必須簽署保密協定的人員供參考：

(1) 參與研發計劃會議之外聘或委外智慧財產權諮詢服務總顧問、委員。

(2) 協助專利檢索之顧問。

(3) 審查專利之委員。

(4) 專利申請承辦之委外單位。

(5) 專利申請作業之內部相關承辦人員。

(6) 研發計畫參與人員。

2. 文件管制

針對組織內部相關文件的可調閱人員、取閱等級、環境（處所），甚至時間進行管制。相關文件可能包括：組織技術發展趨勢與目標、過去研發歷程記錄、未來研發構想、重要參考資料、各項技術與專利申請等，而必要的管理措施包括（不僅止）：文件等級判定、文件機密等級加註、借閱前簽署保密協定等。

3. 委外管理

組織運作有時可能受限內部資源不足而有尋求外部協力、諮詢或合作的機會，過程難免會有機密外洩的可能性，因此進行委外作業時，也必須進行相關的管理，包括：根據標的決定委外的範圍與需求、尋找合適的委外單位、合約與備忘錄的審閱、合作過程中的機密控管、到期前的重新遴選或定期評估等，圖 7-15 作為委外管理流程的參考。

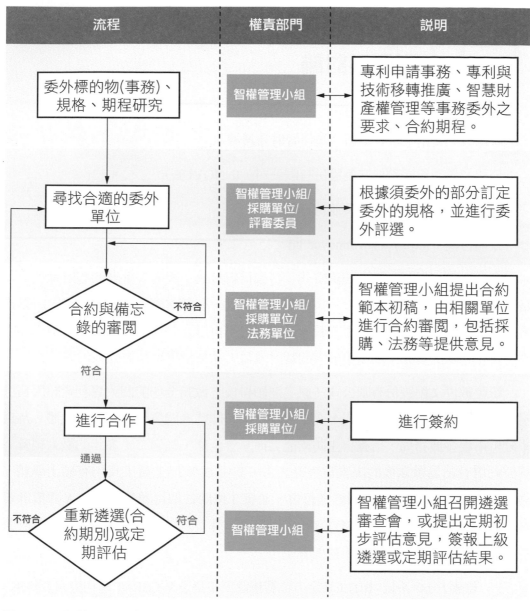

圖 7-15 委外管理流程示意。

資料來源：101 年「行政院勞委會勞工安全衛生研究所」科技研發成果無體財權管理制度
　　　　建置服務（2012 年 5 月～ 11 月，計畫主持人：賴以軒）。

7-8 案例與討論

新穎數位文創，產官學研的最佳智財守護神

公司名稱：新穎數位文創股份有限公司（INNOVUE）

負責人：李信穎（董事長兼總經理）

公司官網：https://www.innovue.ltd

身處二十一世紀的知識經濟時代，科技日新月異，國內外企業的智財權戰爭更是天天在新聞媒體上演。現今企業已深刻理解到，智慧財產權管理的優劣，將影響著企業的經營命脈，無形資產的管理及利用也不再是大公司的「專利」，中小企業更需要在有限的資源中創造出最大的智財效益，並為企業累積更強大的競爭力。

新穎數位文創股份有限公司（原名連穎科技）做為全球前四大專利資訊服務供應商，以獨到的事業發展眼光，在千禧年草創時即透過開發智財權知識軟體，為企業分析市場發展布局，培養自主防禦能力而享譽全球。經過二十多年的戮力經營，該公司培育出為數眾多的高素質智財人力，其中 60% 以上員工具均有碩士學歷，逾 95% 員工取得專利工程師結業證書，並有 3 位同仁取得美國 NACVA 評價師資格。近年來，公司也從「智財資訊軟體服務」，轉型為以「智財顧問服務」為經營主軸。目前主要營業產品和服務如下：

1. 檢索/分析系統：IPTECH 全方位智權應用平臺及 WEBPAT 專利檢索資料庫。

2. 法務/智財管理系統：ECS 合約管理系統量身訂做合約審查流程管理；EPS 專利管理系統有效減少研發資源浪費；ETS 商標管理系統幫助你擬定品牌運用與管理策略。

3. 智財顧問服務：專利分析報告及 TIPS（Taiwan Intellectual Property Management System）導入。

新穎數位文創公司亦為經濟部工業局「技術服務能量登錄合格機構」之一，知名客戶包括台積電、聯發科技、日月光、中鋼、華新麗華、中央研究院、工研院、國家實驗研究院、臺大、清大、交大及成大等。良好服務口碑更獲得在美國、日本、新加坡、韓國、中國大陸等地企業和研究機構的肯定，累積全球客戶超過上千家。多年來也受邀各界講習智財相關課程，講習課程場次已超過 1,200 場。在經濟部中小企業處所編印的「矽島新苗」一書中，讚譽新穎公司為「智慧財產權管理方案的專家」，優異表現更獲得「110 年桃園市金牌企業卓越獎（智多星獎）」殊榮。

回首創業歷程，李信穎總經理說：「在公元 2000 年公司草創時，選擇在臺灣發展專利分析軟體並廣泛運用在產業界，完全是因緣際會。」當年因為李總經理的妻子張瑩珠副總經理在就讀企業管理研究所時，論文主題就是專利分析相關，但市面上並沒有合適的專利分析軟體。在苦尋不著下，於是決定自行開發軟體系統（圖7-16），發展出全臺首創的專利檢索與趨勢分析軟體「專利領航員（Patent Guilder）」。初期透過大學校園的學術研究贊助與推廣而迅速走紅，碩博士生在畢業後進入企業服務仍繼續採用，也間接為公司帶來生意。隨著公司持續發展，除了銷售軟體外，後來也承接政府智權資訊系統開發案。在公司財務趨穩後，又進一步投入新的智權管理系統開發和技術升級。

圖 7-16　新穎公司李信穎董事長（右 1）、張瑩珠副總（中）與作者張耀文老師合影。

在近二十年深耕智慧財產權技術、專利情報蒐集與分析能力累積，加上挖掘新創公司的技術潛力及監控技術布局脈動，終獲美國創投資金青睞，新穎數位文創公司也從「智權資訊軟體」服務商，華麗轉身變為「智權顧問服務」公司。多年來在服務客戶的往來過程中，透過每次問題的顧問諮詢服務，協助無數客戶完成專利分析報告和 TIPS 導入，積累練就公司的一身好本領。在新冠疫情期間，更是透過錄製一系列的智財管理相關視頻影片，協助客戶健全企業智財權管理知識（圖 7-17）。

談到未來發展，李總經理期許不僅是科技業需要重視智財權和專利，新創公司

更應利用創新發明等研發成果，讓專利資產有價化。近年來，智財管理成效也成為公司治理的重要評鑑指標，無論企業規模大小，都應深刻體悟智慧財產權管理是企業競爭的決勝關鍵。大學也應重視智慧財產權管理和保護的教育，在學生畢業後投身就業市場或創業都能善用智財權專業知識，為自己創造更多知識財，而新穎數位文創公司也將繼續深耕及專研智財權加值服務，結合人工智慧、大數據及區塊鏈等技術，協助產業技術升級，積極成為產官學研的最佳智財守護神。

圖 7-17　新穎公司透過智財管理視頻影片，協助客戶健全企業智財權管理知識。

新穎公司
張瑩珠副總訪談

延伸思考

1. 何謂臺灣智慧財產管理規範（Taiwan Intellectual Property Management System, TIPS）？如何透過 TIPS 導入為企業強化競爭力？
2. 請嘗試了解經濟部工業局「技術服務能量登錄合格機構」申請制度為何？

參考資料

1. 陳龍昇，2020，《專利法》，臺北，元照出版。

第1章

第2章

第3章

第4章

第5章

第6章

第7章

第8章

第9章

第10章

腦力激盪

1. 試瞭解目前坊間智財權管理相關的應用軟體系統有哪些？

2. 如何讓專利資產有價化？如何透過智財取得融資資金？

第 **8** 章

植物品種及種苗法與積體電路電路布局保護法

「農業是其他技藝的母親和保姆，因爲農業繁榮的時候，其他一切技藝也都興旺。」

——古希臘著名思想家色諾芬（Xenephon）

先前章節我們已學習到智慧財產權的四大相關法律。本章我們將介紹臺灣技術聞名全球的兩項重要產業——農業及半導體產業，並探討與其智財法律相關的「植物品種及種苗法」與「積體電路電路布局保護法」議題，並透過章節末的問題討論與習題練習來驗證學習成效。

全國法規資料庫－植物品種及種苗法

全國法規資料庫－積體電路電路布局保護法

8-1 植物品種及種苗法

一、臺灣農業發展現況

　　廣義的農業包括農、林、漁、牧業等四大部門。農業是培育動植物的產業，與自然界的生態與環境的關係最密切。而臺灣以農立國，歷經農業社會、工業社會到以知識經濟為基礎的新型態社會，農產品生產年產價值約新臺幣 5,000 億元左右，參見圖 8-1。近年臺灣面臨從業人口老化、氣候變遷惡化、國際貿易競爭，必須培養年輕從農人力、提高農業新價值及仰賴科技自動化等智慧農業發展，亦能兼顧生態平衡，並由法律保障作物新品種，強化農業競爭力。

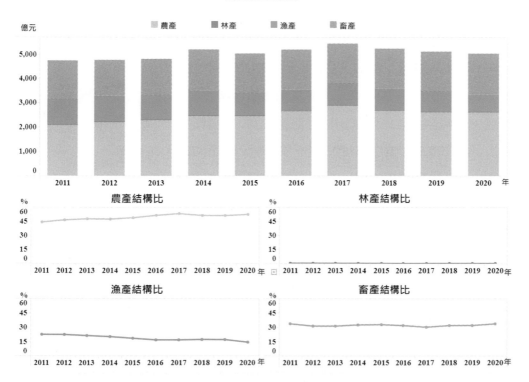

圖 8-1　臺灣農產品生產價值（資料來源：行政院農委會）。

二、植物品種及種苗法

　　亞太地區，不同國家針對植物品種權的法規設置差異大，部分國家訂定專法保障品種權，如臺灣和日本，部分國家則沒有專法規範或是法規尚未完備。國內植物品種權保護源自1988年（民國77年）起至今，現行「植物品種及種苗法」共計分為：總則（第1～11條）、品種權之申請（第12～21條）、品種權（第22～32條）、權利維護（第33～43條）、種苗管理（第44～53條）、罰則（第54～60條）和附則（第61～65條）等七大章條文內容，以下列舉該法相對重要之規範進行介紹，全法條文細節說明可至「全國法規資料庫」網上下載詳讀。

　　植物品種及種苗法開宗明義說明，立法乃為「**保護植物品種之權利，促進品種改良，並實施種苗管理，以增進農民利益及促進農業發展（植物品種及種苗法第1條）**」。其消極意義在防止品質低劣或品種不純之種苗任意流通，積極意義則為保護育種者及農民之權益，鼓勵企業和個人對植物育種研究之投入，加速創新研發新品種，並引進外國優良新品種，增進品種更新，提升農作物品質及生產力，並規範種苗經營管理秩序，促進種苗產業之發展。該法主管機關在中央為**行政院農業委員會**，在直轄市為直轄市政府，在縣（市）為縣（市）政府（植物品種及種苗法第2條）。

　　其中植物「**品種**」係指「最低植物分類群內之植物群體，其性狀由單一基因型或若干基因型組合所表現，能以至少一個性狀與任何其他植物群體區別，經指定繁殖方法下其主要性狀維持不變者（植物品種及種苗法第3條）」。簡單來說，就是一群具有特定特徵的植物，且這些特徵可以用來辨識植物是否同群。以芒果為例，從果實外觀可以迅速區別與其他水果不同，而眾多芒果裡，仍可以依形狀、果皮顏色再進行區別，如「愛文」芒果熟成為紅色，且香氣迷人；而「金煌」芒果熟成為金黃色，果實較大，果肉軟Q。從性狀可以清楚區分與其他植物有區別，且群體表現穩定且一致，經審議委員會審查通過後，即公告為一新的品種，其可以清楚辨識且不易誤認（如圖8-2）。

圖 8-2　愛文芒果（上）與金煌芒果（下）。

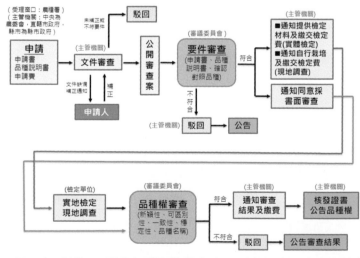

品種應具備新穎性、可區別性、一致性、穩定性及一適當品種名稱，得依法申請品種權（植物品種及種苗法第 12 條）。花卉類別是國內植物品種權的大宗，侵權案件也以花卉類作物較多。申請植物品種權的流程如圖 8-3 所示。一般品種權自核准公告之日起算，期間為 20 年，木本或多年生藤本植物的品種權期間為 25 年（植物品種及種苗法第 23 條）。而申請案自申請到頒發證書約歷時 1～3 年，主要受到申請案件資料是否完備和申請品種的作物生長季長短影響。

品種權申請人依程序取得品種權並公告後，在未經過品種權所有人同意之前，他人是不可以生產、繁殖、銷售或輸出入的，違者可能面臨沒入銷毀、罰鍰等罰則或民事求償（植物品種及種苗法第 24、40、41 及 54 條以下）。在此也建議，生產者須留意種苗是否向擁有「種苗業者登記證」的合法種苗商購買，也較可以確保品種來源合法性和正確性，避免發生混淆或生產品質不穩定，得不償失。此外，品種權共有人未經擁有持分三分之二以上共有人之同意，不得以其應有部分讓與或授權他人實施或設定質權。但另有約定者，從其約定（植物品種及種苗法第 28 條）。

而「**種苗**」則指植物體之全部或部分可供繁殖或栽培之用者（植物品種及種苗法第 3 條）。經營種苗業者，經直轄市或縣（市）主管機關核准，發給種苗業登記證（有效期為十年），方可營業。種苗業者應具備條件及其設備標準，由中央主管機關定之（植物品種及種苗法第 44 條）。種苗業者於核准登記後滿一年尚未開始營業或開始營業後自行停止營業滿一年而無正當理由者，直轄市或縣（市）主管機關得廢止其登記（植物品種及種苗法第 47 條）。至於基因轉殖植物非經中央主管機關許可，也不得進行輸出或輸入（植物品種及種苗法第 52 條）。

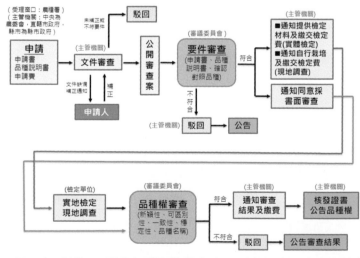

圖 8-3　植物品種權申請案件審查流程（資料來源：行政院農委會）。

8-2 積體電路電路布局保護法

一、積體電路與臺灣半導體產業

（一）積體電路

　　積體電路（integrated circuit，簡稱 IC）係美國德州儀器公司（Texas Instrument）之工程師基比爾（Jack Kilby）於 1958 年 8 月發明。其是使用電晶體、電容器、電阻器或其他電子元件及其間之連接線路，集積在半導體材料上或材料中，而具有電子電路功能之成品或半成品（積體電路電路布局保護法第 2 條）。通過照相平版印刷技術，把大量的微電晶體集成一個很小的晶片。由於成本低、性能高且能量消耗低，使得積體電路產業急速成長。整個電子工業，尤其是使用小型電子裝備的，如電腦通訊、生物科技、太空科技、汽車工業等，都離不開積體電路。積體電路的分類方法很多，依照電路屬類比或數位，可以分為：類比積體電路、數位積體電路和混合訊號積體電路（類比和數位在一個晶片上）。

（二）臺灣半導體產業簡介

　　積體電路產業為技術與資本密集之產業，產業鏈上、中、下游包含積體電路之設計，光罩製作、檢測設備、晶圓製造、封裝測試及通路銷售等程序。而臺灣引以為傲的半導體產業聚落則坐落於新竹科學園區及周邊地區，尤其台積電公司對產業影響之重要性更是受到國際關注。

　　根據工研院產科國際所統計 2020 年臺灣半導體產業產值（含 IC 設計、IC 製造、IC 封裝、IC 測試）達 3 兆 2,222 億元臺幣、年增 20.9%，創下歷史新高。該單位表示，受惠於遠距趨勢帶動筆電以及網通需求大增，推升全球半導體市場銷售值達 4,404 億美元、年增 6.8%（如表 8-1），而臺灣半導體產業也同樣表現亮眼，可望續創新高。

表 8-1　2020 ～ 2021 年臺灣半導體產值

億新臺幣	2020	2020 成長率	2021(e)	2021(e) 成長率
IC 產業產值	32,222	20.9%	34,981	8.6%
IC 設計業	8,529	23.1%	9,459	10.9%
IC 製造業	18,203	23.7%	19,657	8.0%
晶圓代工	16,297	24.2%	17,675	8.5%
記憶體與其他製造	1,906	19.4%	1,982	4.0%
IC 封裝業	3,775	9.0%	4,025	6.6%
IC 測試業	1,715	11.1%	1,840	7.3%
IC 產品產值	10,435	22.4%	11,441	9.6%
全球半導體市場（億美元）及成長率（%）	4,404	6.8%	4,883	10.9%

資料來源：TSIA；工研院產科國際所（2021/02）。

二、積體電路電路布局保護法

電路布局係指**在積體電路上之電子元件及接續此元件之導線的平面或立體設計。積體電路布局立法目的為保障積體電路電路布局，並調和社會公共利益，以促進國家科技及經濟之健全發展（積體電路電路布局保護法第 1 條）**。

「積體電路布局保護法」所有保護的客體就是 IC 晶片的電路設計，當研發出一種新的電路設計就可以向主管機關**經濟部智慧財產局**申請登記，但是必須要具備有三個保護要件：

1. 要本身自行創作而非抄襲的設計（**原創性**）。

2. 所創作的電路布局對於 IC 產業界是**非顯而易知**（不是平凡、普通或習知的）。

3. 必須經過**登記程序**方能生效。

申請登記經形式審查獲准後，可以在十年的權利期間（自電路布局登記之申請日或首次商業利用之日，以較早發生者起算）防止他人仿冒。

（一）電路布局登記申請

申請電路布局登記，應具備申請、說明書、圖示或照片，向電路布局專責機關為之。申請時已商業利用而有積體電路成品者，應檢附該成品（積體電路電路布局保護法第 10 條第 1 項）；此外，為鼓勵儘早申請登記及商業利用，法律明文規定電路布局在首次商業利用後逾二年，即不得再申請登記（積體電路電路布局保護法第 13 條）。由於現今企業多自行設計積體電路或受委託，客戶需求不同，抄襲顯無利可圖，故顯少發生侵害電路布局之情事，這也是當初立法時未預料到的。

（二）與其他智財權法之關係

圖形著作係以思考、感情表現圖形之形狀或模樣之著作，其包括地圖、圖表、科技或工程設計圖及其他之圖形著作（著作權法第 5 條第 1 項），因電路圖屬於科技或工程設計圖，原則上應受到著作權法保護，但是積體電路布局權主要在於禁止非經權利人同意複製的功能性使用，與著作權保護精神創作有所差異；況且，著作權法保護期限為著作人生存期間及其死亡後五十年，以著作權適用在積體電路布局上似乎有保護過度的問題，因此受著作權法保護的科技或工程設計圖，不包括顯示積體電路布局之圖形（參見經濟部智慧財產局 99 年 04 月 15 日智著字第 09900032610 號函解釋）。

此外，積體電路布局之創作與保護工業設計外觀視覺效果為主體之設計專利標的不同，故不列入設計專利保護；再者，積體電路布局的程式設計難以達到新穎性、創作性等專利要件標準，因此，不易以專利法保護積體電路布局。

（三）權利之種類、限制與消滅

1. 權利種類

電路布局權人在權利上可以主張：(1) 排除他人未經其同意進行複製的權利（**複製權**）；(2) 排除他人未經其同意，為商業目的輸入或含該電路布局之積體電路（**輸入權**）；(3) 排除他人未經其同意，為商業目的散布或含該電路布局之積體電路（**散布權**）。數人共有電路布局權者，其**讓與、授權或設定質權**，應得共有人全體同意，未經其他共有人全體同意，不得將其應有部分讓與、授權或設定質權，各共有人，無正當理由者，不得拒絕同意。

2. 權利限制

積體電路之保護設有一定的限制，包括：**合理使用、第二次布局設計、權利耗盡原則、複製品之善意利用、同時創作及特許實施**等（相關規定詳見補充資料「積體電路電路布局保護法第 18 條」內容說明）。

3. 權利消滅

權利消滅主要原因則包括**權利期滿（10 年）、無人繼承、法人解散（電路布局權屬法人所有）、權利拋棄及撤銷電路布局登記**等因素影響。

電路布局權不及於情形

積體電路電路布局保護法第 18 條規定，電路布局權不及於下列各款情形：

1. 為研究、教學或還原工程之目的，分析或評估他人之電路布局，而加以複製者。

2. 依前款分析或評估之結果，完成符合第十六條之電路布局或據以製成積體電路者。

3. 合法複製之電路布局或積體電路所有者，輸入或散布其所合法持有之電路布局或積體電路。

4. 取得積體電路之所有人，不知該積體電路係侵害他人之電路布局權，而輸入、散布其所持有非法製造之積體電路者。

5. 由第三人自行創作之相同電路布局或積體電路。

（四）積體電路布局權之侵害與救濟

當積體電路布局權受到侵害時可主張禁止侵害請求權（積體電路電路布局保護法第 29 條第 1 項），倘若事實有足夠證據有侵害之虞者，得請求防止之。此外，另可提請損害賠償請求權（積體電路電路布局保護法第 29 條第 1 項），以侵害人有故意或過失為原則（損害賠償之計算參見積體電路電路布局保護法第 30 條規定）；而回復名譽請求權則依判決書全部或一部登載新聞紙，其費用由敗訴人負擔（積體電路電路布局保護法第 32 條）。

8-3 案例與討論

中國「山寨奇異果」危及紐西蘭奇異果巨頭 Zespri 公司收益

紐西蘭奇異果味道酸甜、富含營養，在世界上廣受歡迎，是紐西蘭最有價值的出口產品之一，也是重要經濟命脈。其中以巨頭佳沛（Zespri）公司所生產的奇異果最為有名，約占全球奇異果銷售額的 30%，佳沛（Zespri）年營收就高達紐幣 39 億元（約新臺幣 750 億元），是紐西蘭僅次於葡萄酒的第二大園藝出口產品。

近年來，奇異果商 Zespri 品牌遭中國廠家「山寨」，由於對中國山寨奇異果的問題束手無策，導致山寨奇異果的產量已逐漸追上自紐西蘭進口的數量。這可能會衝擊到紐西蘭的農業發展，影響紐西蘭經濟，甚至引發兩國之間的緊張關係。

根據衛報（The Guardian）等新聞報導，此商業糾紛緣起於數年前一名中國的奇異果種植者 Haoyu Gao，他與妻子 Xia Xue 在其經營的多處果園種植了宣稱「已獲得佳沛公司許可」的 G3（第三代黃金奇異果）品種果樹。然而，佳沛公司卻出面指控 Haoyu Gao 侵犯了佳沛公司的獨家專利權。根據 1987 年《植物品種權利法案》，佳沛公司擁有獨家銷售 G3 和 G9 品種黃金奇異果的繁殖植株（圖 8-4）、以及為商業生產進行種苗繁殖的專利權。而 Haoyu Gao 從 2012 年起，將 G3 和 G9 品種奇異果銷售、出口至中國大陸，聲稱要在全中國推廣這些品種，但卻未經佳沛公司同意，私自對外出售果苗及技術。佳沛公司表示，這一行為可能會給佳沛公司未來的水果出口帶來數十億紐幣的收入風險。

雖然佳沛公司在 2016 年就提起訴訟並且贏得官司，但市面上仍充斥著大量的山寨奇異果。在佳沛公司的訴訟文件中指出，未經授權的 G3 迅速在中國擴張，2019 至 2021 年期間，非法種植面積達到 5,200 多公頃，以中國每年估計生產 3,000 萬至 9,000 萬箱的第三代黃金奇異果，產量與紐西蘭對中國的出口量幾乎一樣多。

2018 年 7 月，佳沛公司方面針對 Haoyu Gao、Xia Xue 及其公司 Smiling Face 發起了法律訴訟，尋求針對未來侵權行為的禁令和 3,100 萬元紐幣的賠償。奧克蘭

（Auckland）高等法院於 2018 年 11 月進行了民事審判，並於 2020 年 2 月作出裁定。

　　當時，法官莎拉·卡茨（Sarah Katz）認為，佳沛公司已透過私家偵探證明 Haoyu Gao 和其公司 Smiling Face 向奇異果種植商 Shu Changqing 提供了 G3 和 G9 品種奇異果。卡茨法官進一步發現 Haoyu Gao 及其公司聲稱許可 Shu Changqing 在中國各地開發奇異果品種。Haoyu Gao 還通過微信（WeChat）與 Yu Heming 合夥成立公司，在中國四川西昌市種植一個 6 公頃的「示範園」，園內種植了 Haoyu Gao 供應的 G3 品種奇異果。

　　Haoyu Gao 和其 Smiling Face 公司還提出將 G3 的種植技術出售給中國另一家奇異果種植商，並發現 Haoyu Gao 和 Xia Xue 均違反了與佳沛公司簽訂的 G3 許可協議條款，將紐西蘭特有的奇異果品種走私到了中國，並大面積種植。這不僅違反了法律，更缺乏商業道德準則和經營誠信。法官裁定 Haoyu Gao 和其 Smiling Face 公司侵犯了佳沛公司的法定權利，需為該行為賠償 14,984,100 紐幣。上訴法院根據卡茨法官的判決結果，修正了中國果園面積大小方面的疏漏，要求 Haoyu Gao 和 Smiling Face 公司向佳沛公司支付 12,081,150 紐幣的賠償金。同時，上訴法院駁回了 Haoyu Gao 的上訴請求，也拒絕支付訴訟費。

　　佳沛公司面對知識產權（植物品種）在中國市場的失控，發表聲明表示，希望能尋求解決方案，找出共同利益的作法。但學者認為，期望地方政府介入維護紐蘭業者的權益是非常幼稚的想法，也無法要求中國政府出面處理。從此事件可以看出，在進行品種上的商業合作要更加小心，擬定相關合約規範範圍及定期訪查稽核等工作都不可忽視，各國政府也必須協助業者面對國際商業合作的各種問題，以保障國家經濟和知識產權發展。

圖 8-4　佳沛公司生產的奇異果。

延伸思考

1. 我國植物品種權保護對於農民或育種家有何權利限制或免責制度嗎？

2. 相較於每年數萬件的專利申請和核發數量，我國積體電路電路布局每年僅數百件的案量，請問主要原因為何？

2011 ～ 2020 年臺灣歷年積體電路電路布局件數統計表

年別	申請	發證
2011	144	120
2012	159	124
2013	146	83
2014	87	195
2015	113	120
2016	114	133
2017	58	68
2018	95	96
2019	118	86
2020	75	101

資料來源：政府資料開放平臺 https://data.gov.tw/dataset/35460

參考資料

1. 自由時報（2021 年 6 月 20 日）報導 https://ec.ltn.com.tw/article/breakingnews/3576419。

2. 自由時報（2021 年 6 月 22 日）報導 https://ec.ltn.com.tw/article/breakingnews/3577688。

3. 大紀元（2021 年 9 月 16 日）報導 https://www.epochtimes.com/b5/21/9/16/n13238900.htm。

1. 依植物品種及種苗法第 12 條規定，植物品種必須應具備新穎性、可區別性、一致性、穩定性、適當品種名稱等要件，才能依法申請品種權。請問除了適當品種名稱外，其他要件的判斷標準為何？

2. X 公司為其產品 X1 晶片的積體電路電路布局權人，除在臺灣生產該晶片外，亦授權位於韓國的 Y 公司生產 X1 晶片，Z 貿易商經過市調後發現向 Y 採購 X1 晶片的成本再銷售比直接向 X 爭取經銷還有利潤，於是就直接向 Y 下單自韓國輸入進口。請問此舉是否侵害 X 公司的積體電路電路布局權？

第 **9** 章

企業智財權保護與加值

「我關注智慧財產權，我相信智慧財產權管理就是怎樣增加施樂公司的價值。現在，善於管理智慧財產權的公司將會成功，而不善於經營智慧財產權的公司將被淘汰。」

——施樂公司（Xerox Corporation）前 CEO
理查德・託曼（Richard Thoman）

　　經過先前多個章節對於智慧財產權相關事務的介紹，我們已深知智慧財產權保護之重要性，本章也將延伸智慧財產加值內容，將介紹企業的智財權保護工作、智財權加值與技轉成功之關鍵、專利商品化下的技術移轉與授權、專利技術入股新創公司及技術價值的評估等議題，並透過章節末的個案討論與習題練習來驗證學習成效。

9-1 企業的智財權保護

　　誠如先前章節所述，我們已清楚知道智慧財產權保護之重要性。臺灣企業台積電公司（TSMC）也在研究機構 Brand Finance 於 2021 年發布的報告中，於「全球企業無形資產排行榜」登上第 9 名的位置（如表 9-1）。該報告顯示，台積電 2021 年度的無形資產，價值 4,710 億美元（約新臺幣 13 兆 1,706 億），相較於 2020 年為 3,160 億美元（約新臺幣 8 兆 8,363 億元），成長了近 50%，為漲幅最高之國際企業。該無形資產是從哪些面向衡量呢？Brand Finance 拆分為三大類：權利（Rights）、關係（Relationships）以及智慧財產（Intellectual property），因此範圍相當廣泛，包含證照、供應鏈或客戶關係、專利，到教育訓練計畫、商業知識等，都是他們認定的項目，而台積電主要競爭對手三星電子（Samsung）和英特爾（Intel）則落後台積電。由此可知，企業競爭中無形資產的布局相當重要，而智慧財產更是重要。在本節我們將深入說明企業組織在智財權保護工作上常見問題及具體保護措施，以提供企業建立競爭力之智財保護知識。

表 9-1　2021 全球無形資產 Top10 企業

1	2	3	4	5
Microsoft	蘋果公司	saudi aramco	amazon	Alphabet
微軟公司	蘋果公司	沙烏地阿拉伯國家石油公司	亞馬遜公司	字母控股
6	7	8	9	10
f	Tencent	TESLA	tsmc	Alibaba Group
臉書網路社群媒體平台（Meta）	騰訊控股	特斯拉科技	台灣積體電路製造公司	阿里巴巴集團

一、企業智財保護常見問題

企業在推動智慧財產權保護與運用上常會面臨許多問題，列舉如下：

1. 多數科技公司都因為高層忽視、缺乏政策或預算等原因，而導致大量智慧資本無法獲得充分利用，形成無形資產浪費。

2. 有些企業誤以為持續申請專利就代表公司有智財保護策略。

3. 專利的取得和維護成本不低，應投資「真正有用」的專利。

4. 其他問題如：專利侵權，改設計，不能改設計怎辦？商標侵權訴訟，已投入的行銷成本怎辦？庫存成廢品？若商業機密被竊取怎辦？

二、企業智財權保護措施

為落實企業的智財權保護工作，在此筆者提出具體保護措施，提供企業真正做好企業財產權保護工作之參考：

1. 應對員工實施智慧財產教育訓練，於員工聘用與離職管理規範中納入相關智慧財產歸屬條款與聲明，使員工了解智慧財產權與相關之權益和義務。

2. 針對研發、生產、品管等流程管理應予以文件化，內外部文件與紀錄文件的取得、使用、發布等進行管理，以及智慧財產之辨識、取得、維護、評估與爭議處理流程亦需文件化，以茲全體員工遵循。

3. 針對廠區及辦公區之劃分與權限分派進行管理，進出皆需受管制並詳實紀錄，控管人員可接觸之區域。

4. 各式設備如資訊設備管理規範，包含採購、分配、維修、銷毀等都需進行管制，降低資訊外流風險。

5. 企業需建置一套健全的智財管理策略，避免產生巨大風險。

6. 配合公司治理，可以導入臺灣智慧財產權管理制度（TIPS），透過政府資源及專業技術服務公司輔導來建立公司智財管理制度。

7. 運用智慧財產權相關軟體系統，以效率化及資訊化管理公司無形資產。

8. 做好智財整體營運規劃，包含風險承擔能力、退場機制及因應策略。

9. 客觀評估內部的創新資源，活化可能商業化的公司資源。

10. 運用智財權以成為業界獨一無二的產品或服務供應商。

11. 利用智財權以提高公司尋求融資和併購時的估價價值。

三、企業智慧財產權歸屬

企業的智慧財產的來源大致可分成自行開發、委託開發、合作開發或授權四種來源，依據種類的不同在法律上歸屬則略有差異。

對於企業來說，當受雇的員工參與各項業務而產生之研發成果、生產製造、銷售或經營管理之資訊，產生之智慧財產權相關權利如專利權、商標權、著作權與營業秘密原則上係屬雇用該些員工的企業（為職務上之發明）。

如相關業務係由企業與外部專家、顧問、組織機構等共同研究開發或委託開發，則企業應透過合約，事先約定該些智慧財產權所有權與使用權之分配，以避免後續權利之歸屬糾紛。若相關業務需外部專家、顧問、機構等的協助，而自外部引進特定之智慧財產權以供業務使用時，企業應透過合約確保取得該些智慧財產權之使用權利。

9-2 專利商品化下的技術移轉與授權

一、技術移轉與授權

（一）技術移轉

「技術移轉（Technology Transfer）」指將技術由某一個人或群體傳給另一個

人或群體，並且使技術接受者能應用所接受的技術知識，處理所面臨問題的程序。就是由技術提供者（技術擁有者）透過簽訂技術移轉合約或其他契約的方式，對技術需用者或技術接受者根據約定提供技術、機器設備、技術資料、製程資料或其他資訊與服務，使技術需用者或技術接受者能夠據以實施該等技術。

在技術移轉的層次上，目前許多企業的全球布局是將研發留在母國，而製造移轉海外，業者若要成功的推動技術移轉，自然需要相當程度的認知（如對全球布局的真正認識、研發據點的考量因素等），並且具備各項主客觀上的充要條件，以安全而有效率的策略運用達到「利益極大化」的成果。而良好的技術移轉管理機制的建立（合理鑑價／法律服務／全球化／技術範圍界定）將對企業的發展帶來正面的影響。

（二）授權

何謂授權（License）？為一個特別形式的契約或協議，一方承諾將會對他方的作為或償付做出相應回報的作為或償付。例如您要在 T-shirt 或生活用品上印上漫威卡通英雄人物，您就必須取得授權並付出權利金。讓與（Assignment）則是毫無保留地將財產售出，所有權將從擁有者（讓與人）轉移給買主（受讓人）。以下介紹常見的授權方式、交易類型及其他商業模式。

1. 授權方式：專屬授權、獨家授權、非專屬授權、交互授權、再授權。

2. 交易類型：共同合作研發、共同發展、共同行銷、共同推廣、合約研究、合約經銷、合約製造、合約行銷與合約供應。

3. 其他：除上述的幾種常見的交易類型和模式，尚還有合併（Merger）、收購（Acquisition）和資產收購（Asset purchase）等商業常見手法。

除上述所述授權方式和交易類型外，尚須考量授權人可以再授權嗎？授權期間多長較合宜，發生授權爭端如何協商、是否有保證或擔保品、權利金比率多寡及如何做專利技術鑑價等，如對此相關議題不熟悉者，建議應請教智財專家或委請律師事務所協助處理，以獲取最大報酬或最低損失。

二、成功的技轉關鍵因素

創業家或專業經理人在經營企業時，都應做好智慧財產權管理，做好每一個環節，產生可以保護企業智財或授權的技術與專利。實務上，智慧財產加值中的技術移轉的成功關鍵因素包括：**積極的技轉政策、企業高階主管的支持、內部良好的獎勵制度、具經驗的技轉專業人才參與、良好的技轉制度與良好的產業網路關係。**

以最難的生技產業為例，生技產業是各國產業發展策略中的核心產業，是跨領域的整合科學，除了最重要的醫療器材、新興生技和製藥業外，還包括：醫療保健服務、機電資訊、材料化工、資源環保、食品和農業等相關應用領域。這類項目需要長期投入及有效運用商業發展策略才能看見具體成果，而普遍從事生技產業的國內業者除了受限於資金外，研發人員和從事研發成果推廣的從業人員對於可能合作交易和授權的方式皆不甚了解，從而使得交易和授權方式過於單調，也無法從中獲取更多的商業利益。為了使無所不在的生技產業得以持續發展，多年來臺灣政府陸續推動了生技起飛計畫——鑽石行動方案、生技超級育成中心和生技人才創新創業發展等方案——期待能從基礎研究、藥品和醫材初級開發、藥品和醫材進階開發到上市和市場開發。

9-3
學術及政府的智財加值營運服務

目前在學術界及法人研究機構多設有技術移轉中心或專案辦公室來協助單位內的智財加值與營運管理工作，提供內外多元智財合作的可能。

大學擁有豐沛之基礎研發設施及研究資源，長期以來蘊育出了豐富的智慧財產礦藏，是國家發展知識經濟的基礎，亦為支援我國產業開發具前瞻、創新技術的重鎮。為進一步挖掘具高度含金量之大學 IP，並加以煉金提升價值，協助我國企業核心競爭力與技術升級，並帶動後續整體經濟與社會效益，教育部也於 2019 年推動

成立「臺灣智財加值營運管理中心」（「IP Management & Promotion Administration Center at Taiwan」，簡稱「IMPACT 中心」），由具智財、產學、技轉相關經驗之專業團隊整合關鍵資源，提供專利布局、推廣媒合、權益保護、人才培育、成果管理、智權諮詢等智慧財產權加值服務，期許以大學智財權加值運用為推動主軸，透過具有相關實務經驗的專業團隊，鏈結產、官、學、研、創投以及智財相關服務業等跨界資源，分工合作協助大學智財權活化運用，創造無限可能。

此外，因應知識經濟時代的來臨，經濟部工業局為引領臺灣技術交易服務業發展，特於 2001 年 11 月起建置「臺灣技術交易資訊網（TWTM），https://www.twtm.com.tw/」，解決國內技術交易市場欠缺的提供整體服務功能和智慧財產不易流通的困境，並積極地透過諮詢媒合機制，結合技術交易服務業會員提供的技術加值服務，以協助產業掌握創新契機，提升企業競爭力。

9-4 專利技術入股新創公司

在公司成立或發展過程中時，擁有技術的一方多半會嘗試不用拿現金出資，以技術研發成果換取公司股權。依據《公司法》第 56 條規定，股份有限公司之資本，應分為股份，擇一採行票面金額股或無票面金額股。股東之出資，除現金外，得以對公司所有之貨幣債權、公司事業所需之財產或技術抵充之；其抵充之數額需經董事會決議。

在企業經營上透過設計良好的員工認股或技術股取得制度，可讓員工有機會享受到自己創造出來的價值與財富，承擔並享受公司經營的損益，從而維持員工對所服務之企業的凝聚力，並避免因員工的流動與跳槽而衍生出更強的競爭者。

技術入股係指技術持有人（或者技術出資人）以技術成果作為無形資產作價出資公司的行為。技術成果入股後，技術出資方取得股東地位，相應的技術成果財產權轉歸公司享有。廣義的技術股的定義泛指企業對於擁有企業所需知識或技術的人員或外部顧問，提供無償或有償（但低於市價）的股票或認股權，使其得以成為公

司的股東。狹義定義則指直接以技術（包括專利權及專門技術）作價，換取公司的股票，在服務一定的期間內，並有相當的競業禁止的約束。

技術入股主要有兩種形式：一種是賣方以其智力和研究、開發項目作為股份向企業進行技術投資，聯合研製、開發新產品，共同承擔風險，分享效益，這種技術入股叫作研究開發中的技術入股；另一種是賣方自己掌握的現成的技術成果折合成股份，向企業進行技術投資，然後分享效益，這種形式叫作技術轉讓中的技術入股。

實務上，由於技術具有「無形」的特性，不同於貨幣出資或實物出資，在出資標的、出資義務及其履行問題上很容易發生爭議。很多糾紛的產生，源於交易雙方在談判過程中急於求成事，對許多關係到交易實質內容的合同條款未作仔細考慮就草草簽約，也埋下日後糾紛的隱患。因此，合約上應明確技術出資的標的、弄清技術出資人是否擁有技術的處分權、詳細約定技術方的出資義務、要重視技術出資的成果驗收，以及技術價值隨經商環境變化後的利益調整，這些都是技術出資入股合作上必須要特別留意的重點。

9-5 技術價值的評估

如何客觀計算出智慧資產的價值，對促進知識經濟的發展有其必要性，尤其是對依賴這些智慧資產的高科技公司而言，如果可以經由具公信力的鑑價機構評估其智慧資產的價值，同時利用其技術或專利在資金市場上取得一定的融資額度，這對以智慧資產為主的科技公司的發展，無異發揮正面鼓舞的效用，亦對活絡市場經濟有極大的助益。

雖然國際間對於智慧財產權的鑑價問題已經有相當程度的發展，不過尚無全球一致性公認的價值估算標準，不同方法都有優缺點和使用時機點的不同，由於智慧財產權之價值亦間接的決定其權利金與侵害損害賠償多寡的問題，因此也必須對此有所處理。就國際上的一般原則而言，智慧財產權之鑑價一般必須考慮技術創新的

程度、法律保護的狀態（包括專利的類型、有效期限、權利範圍、所獲得保護的國家等）、授權與實施的情況（為專屬或非專屬授權、現有的授權情況）、技術開發的程度（有無其他替代技術或是否已經可以商業化量產）及各項成本等因素，並綜合權利人與被授權人相關因素做一個整體的判斷。

技術的價值評估通常稱為技術鑑價（Technology Valuation），目前市場上尚未發展國際間接受的鑑價制度或標準，評價方法相當多元，主要考量的因素有所不同，但都希望能更精準評價出未來的技術價值。常見的使用評估方法有成本法（Cost Approach）、市場法（Market Approach）、收益法（Market Approach）。

一、成本法（Cost Approach）

成本法的實施須以假設該資產處於可被持續使用狀態，並具備可用的歷史成本資料。成本法中的成本可分為復原成本和重置成本，並依據現有市場條件所需支付的貨幣金額。一般來說，潛在投資者或購買者所願意支付價格不會超過建置該項資產所需耗費的成本。

成本法中之成本可分為復原成本和重置成本，復原成本係指重置資產的複製品所需支付的貨幣金額，重置成本是指創造與該資產同功效的資產，並依據現有市場條件所需支付的貨幣金額。其概念基礎係為潛在投資者或購買者所願意支付價格不會超過目前建構的該項資產所需耗費的成本。成本法的實施須以該資產處於（或假設）可被持續使用狀態，並具備可用的歷史成本資料。

二、市場法（Market Approach）

市場法係指透過市場上相同或類似的資產交易歷史價格，經過比較及分析來推算資產價格的方法，其係經由一種替代原則，採用類比的概念來評估資產。

市場法係指透過市場上相同或類似的資產交易歷史價格，經過比較及分析來推算資產價格的方法，其係經由一種替代原則，採用類比的概念來評估資產。在交易市場上的購買者或投資者對於相同或類似功能的標的，基本上不會支付高於市場行情的價格。以應用市場的交易結論作為依據，說服力也較高。其應用所需要有一活絡的市場、有可比較資產的數據。

三、收益法（Market Approach）

收益法所需條件必須為其未來收益及收益年限是可被預測的，且可用貨幣衡量未來收益及風險。一般而言，收益法下的資產價格不會超過預期收益的折現值，其基礎在於購買者或投資者必須在預期的報酬會超過資產價值時才會願意購買或投資。

收益法的資產價值係為其未來預期效益可轉換的貨幣金額，資產的價值與其可產出的獲利有密切的連帶關係。一般而言，收益法下的資產價格不會超過預期收益的折現值，其基礎在於購買者或投資者必須在預期的報酬會超過資產價值時才會願意購買或投資該資產。實施此方法所需條件必須為其未來收益及收益年限是可被預測的，且可用貨幣衡量未來收益及風險。

此外，一般實務上的技術作價大致可以拆成 5 個步驟：

1. 投資人表達願用技術投資。

2. 公司評估技術的價值。

3. 公司認同這個價值。

4. 公司發行股票。

5. 用公司股票代替等值現金來跟投資人買技術。

技術作價上應找公正客觀的第三方（如社團法人中華無形資產暨企業評價協會或專業無形資產鑑價公司）來協助評估，並須留意技術作價衍生的可能稅務問題。不過，透過第三方鑑價也可能因為是買賣雙方由誰付鑑價費用而對鑑價報告客觀性產生質疑。一般國外會直接用公司董事開會來決定欲發行的股票價值，而不是用第三方認定的價格，直接用當事人認同的價格來作為增資的標的。

9-6 案例與討論

致力於成為臺灣醫療器材界的聯發科 ── 方策科技

公司名稱：方策科技股份有限公司

公司網址：http://www.biotegy.com.tw/

創辦人：方旭偉博士（國立臺北科技大學特聘教授）

方旭偉教授
專訪

醫療器材（Medical Device）屬於種類多樣且範疇廣泛的產業，是主要協助人類進行疾病預防、診斷、減緩、治療與復健的民生必要性工業，整合生物醫學、電子電機、半導體、資訊、軟體、光學／機密儀器、化工、材料、機械等跨領域技術。近年來，臺灣醫材產業透過研發技術的不斷提升，已從早期低階醫材製造，走向需要研發能量的醫療影像設備、微創手術器械、骨科和牙科填補材料等高價值產品。醫材產業有別於電子科技產業的發展模式，需要長期研發投資，扎根基礎技術能力，醫材新創企業發展應朝向較合適的「**高價值醫材快速商品化模式**」，創造難以被取代的產品或服務價值，找出目標客群和資金，以加速醫材技術商品化發展。

方策科技（Biotegy）為大學校園研究中心技術衍生創業成功的優質企業（圖 9-1），是臺灣醫材產業中的閃亮新星。創辦人方旭偉博士為國立臺北科技大學特聘教授（圖 9-2），其所帶領的「生醫材料工程跨領域研發中心」團隊擁有許多具備商業價值的創新研究成果，因方教授過去曾擔任該校創新育成中心主任，長期與產業界互動合作密切，**深知臺灣醫療器材產業鏈缺口，產業發展面臨許多挑戰和困難**，例如：臨床醫師或通路無法自行研發、跨領域人才缺乏、資金資源不足、信任製造夥伴難尋和本土品牌市場能見度很低……，必須透過上下游產業鏈的專業分工與合理分攤投入風險，才能共創多贏局面，因此在 2015 年催生出方策科技。

圖 9-1　方策科技榮獲經濟部 2019 破殼而出優質企業獎。

圖 9-2　方策科技創辦人方旭偉教授與作者
張耀文老師合影。

圖 9-3　方策科技創辦人方旭偉教授（圖
左）與黃嘉慧董事長（圖右）。

　　方策科技由曾在日商醫藥公司擔任法務工作的黃嘉慧女士擔任董事長（圖
9-3），整合優秀臨床醫師想法與臨床需求，結合產官學之研究資源與合作夥伴，
形成產品創新研發團隊。致力於具備高附加價值的生醫醫材、細胞治療、微創與無
創手術三大領域之產品設計開發，**也承接國內外具市場潛力之專利技術與研發成果**，
使之在公司中繼續培育茁壯，並依照產品的特性和市場價值，從研發、生產至銷售
的產業鏈中，運用多樣化之營運模式與策略，創造最大價值。目前已開發完成或在
進行中之產品包括：各式**骨填補材與骨水泥（二類醫材）、義乳保護囊袋（三類新
醫材／正申請美國臨床試驗）、微創手術倒鉤縫線（二類醫材）、音波治療儀（二類
醫材）**等。

　　方策科技以成為醫療科技產品設計、開發到微試量產運作的醫材解決方案供應
商為方向，提供技術智慧財並整合後端的生產線與驗證程序，提出醫材產品開發的
完整服務方案，也為公司找出「**共同開發 + 技術移轉**」的商業獲益模式，讓方策
科技可以在穩健的發展環境中不斷成長茁壯。方策科技雖然建立加速創新產品商品
化的能量，也深知到了市場拓展階段，不可能靠一己之力推廣產品，因此在行銷與
品牌經營上，方策科技採取借力使力、循序漸進的策略方程式，積極整合外部市場
行銷和品牌經營資源，來協助公司在產品和服務之業務拓展。

　　健康產業的發展潛力無窮，但卻有許多企業無法將理念傳達並實踐計畫，因此
方策科技催生成立「**喜可種子（CK Seed）**」（圖 9-4），積極整合**投資端「喜可
種子資金」**和技術端「**科技部生醫材料表面工程產學技術聯盟、北科大生醫材料工
程跨領域研發中心**」之產官學醫資源，建構從產品開發、產品製造、法規驗證到市

場行銷的營運模式，透過喜可種子的專業諮詢、培訓課程與商業發展規劃，激發每一顆種子的潛能，加速創新醫材成長茁壯。期許在這樣的串聯與資源整合下，臺灣新創醫材產業的國際能見度及品牌形象得以提升，加快拓展全球生醫市場。

圖 9-4 喜可種子加速醫材技術商品化藍圖。

延伸思考

1. 您認為校園內研究室或研發中心團隊技術創業的成功關鍵因素為何？
2. 新創團隊應如何運用創業加速器資源（如喜可種子），加速商品化與事業化？

腦力激盪

第 1 章
第 2 章
第 3 章
第 4 章
第 5 章
第 6 章
第 7 章
第 8 章
第 9 章
第 10 章

1. 您認為臺灣醫療器材產業發展面臨哪些困難？如何克服這些挑戰？

2. 試比較常見技術鑑價的三種方法：成本法、市場法及收益法，其優缺點為何？

第 **10** 章

技術商品化與事業化

「必須先去了解市場和客戶的需求，然後再去找相關的技術解決方案，這樣成功的可能性才會更大。」

——阿里巴巴集團創辦人馬雲

創新發明或研究成果最終的出口多盼能朝向商品化與事業化發展，透過商品化來驗證商業價值及造福全人類，透過衍生新創事業或技術移轉產業應用來獲利，以支持後續不斷的技術創新。本章我們將介紹創新商品化評估、技術加值與商業規劃、創新發明的事業化發展等議題，並透過章節末的個案討論與習題練習來驗證學習成效。

10-1 技術商品化評估

一、何謂技術商品化

　　隨著全球市場風向的不斷地變化，學術機構、企業端與研究機構在推動研究成果產業化也面臨相當大的考驗。在進行技術創新及商品化管理思考上，也從基礎研究出發的「技術推動」導向的推動式創新，轉換為以「市場需求」導向（如圖10-1）的拉動式創新。以使用者為中心與產品導向的研發思維，透過好的品牌行銷策略與售後服務，提高客戶滿意度和商品效用價值。

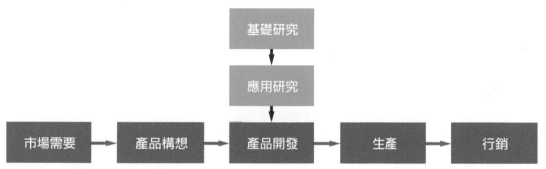

圖 10-1　市場導向的創新過程。

　　在研發成果的萌芽（Germination）程序發展，其中技術商品化（Technology Commercialization）尤為重要。國內科技產業與學術界的技術研發實力雖然相當高，然而普遍缺乏對技術應用、市場需求及供應鏈整合的發展遠見。技術商品化是一個由市場需求面主導研發創新的過程，一項技術從最初期的研發構想開始，就應從市場需求功能與需求規模來構思創新的解決方案，並經過構想的理論驗證、產品功能規格設計、製造程序、上市及銷售營運過程的不斷再創新與修正，方能真正達到市場的要求。而這個主導技術如何不斷創新與修正的知識與方法，便是技術商品化，為從事高科技研發與創業者最需要的知識。

從技術的研究發展、市場價值的評估、技術鑑價（Technology Valuation）、資金的籌措、技術創業與企業領導能力、產品程序的設計、技術轉移授權到最終產品的行銷與智慧財產權保護，無不與技術商品化成敗息息相關。然而技術商品化也常面臨所謂的死亡之谷（Valley of Death），如何趁早走出死亡之谷？很重要的一點是：開發的同時就導入商品化觀念與做法，這將有助於廠商銜接新興技術並拓展至市場。

總而言之，技術應從構想階段就開始進行商品化的規劃，而不是等到有研發成果，甚至申請到專利了，才思考如何發揮技術的價值。許多擁有技術的專家急於將自己的創新構想付諸實現，成為商品銷售到市場，殊不知從構想到營運獲利，每個階段都會遇到不易解決的問題。技術商品化即是協助技術發明家洞悉未來可能的各種問題，事先謀求解決之道，避免因意料之外的問題而延誤商品化的進行。這將有助於廠商銜接新興技術並拓展至市場。

實務上，過去研發成果產業化策略方式多採取階段式的接棒方式進行（如技術研發人員將產品或技術研發完成後，交由業務行銷人員進行市場推廣，中間過程中，技術與商業人員並無太多交流），但現今產業變化快速，若不能時時有效掌握市場脈動，做出精準與具創意性的商業發展規劃，降低產業界對研發成果產業化的疑慮，將無法透過創新來驅動產業發展。因此，要跨越技術到商品化的鴻溝，我們必須要有創新的技術商品化思維，才能將技術向產業界推動。而在知識經濟時代，全球企業投入技術競爭，但成功的關鍵仍在哪一家企業能夠快速有效的將研發成果轉化成為創造利潤的商品。

此外，大學為各國技術創新之重要來源，要如何突破技術商品化與事業化發展，協助提升各國產業競爭力，相信是各國政府所重視的重要課題之一。以美國麻省理工學院（Massachusetts Institute of Technology ,MIT）為例，由 MIT 校友、教授和學生所創企業已超過 4,000 家，雇用員工人數超過百萬人，每年創造上兆美金以上營收。因此，在臺灣若能建構大學推動技術商品化與技術創業能量，應相當具有發展性。在此也分享學術研究機構在技術商品化所面臨之挑戰，並對這些困難與挑戰提出成功技術商品化與技術創業的參考建議：

（一）面臨的困境與挑戰

1. 多半專注於技術的創新突破，未能以全球市場觀點思考以進行商品化。

2. 大學內普遍缺乏豐富實務經驗之教師，未能訓練足夠技術商品化人才，以協助產業進行技術商品化。

3. 學術或法人機構的技轉中心與育成中心專業度與組織規模受限，未能發揮技術商品化輔導角色。

4. 大學研究以基礎研究為導向，著重學術成果發表。

5. 受限實驗室研發資源，僅能發展出原型產品階段，企業技轉後不一定能量產。

6. 缺乏技術合作夥伴網絡、行銷能力與創投資金。

7. 研發人員缺乏經營和風險控管知識與實務經驗。

（二）成功的技術商品化與技術創業建議

慶幸臺灣政府已更重視原創技術對產業創新的貢獻，在教授的升等與學校評鑑上更加重視產學與技轉成效，也陸續推動了一系列與研發成果商業化發展計畫，如透過萌芽功能中心（Germination Function Center）機制的技術探勘與背景調查來發掘潛力之萌芽個案計畫（Prime Facie Case），協助研發成果萌芽商業發展規劃與商業模式建立，並對個案計畫提供業師輔導與產業合作機會。以下提供在研發成果商業化與事業化之推動經驗，作為後進學習運作之參考。

1. 應由基礎研究導向改朝向技術應用與市場需求導向。

2. 更重視研發初期評估技術的市場價值、市場需求、後期產品製造和配銷及上市後之市場滲透與持續創新。

3. 推動技術商品化時應建立智慧財產權組合與布局。

4. 應多思考未來社會發展與想像未來科技發展可能樣貌。

5. 著重最終產品市場接受策略，而非一直強化技術上之表現。

6. 先以簡易功能及產品來證明技術可行性，一方面可以測試客戶接受度，也可避免初期過多技術機密洩漏。

7. 建立良好技術商品化合作夥伴網絡（如製造供應鏈關係、產品銷售通路等）。

8. 整合校內產學合作單位（如萌芽中心、技轉中心、產學中心及育成中心）資源，建構技術創新、移轉與商品化服務平臺。

9. 引進外部產業專家顧問、商品化及創業資金、人脈網絡和行銷通路資源。

10. 擬定完善之技術切入與退出市場策略，以有效利用資金與資源。

11. 培養具高科技研發能力與企業領導人才。

小結：我國高科技發展雖然透過代工製造能力（OEM）稱霸市場，但市場毛利越來越低，加上全球經濟蕭條，間接壓縮企業之代工訂單與就業機會。重要的是缺乏自主技術研發、產品設計和自有品牌。很樂見臺灣政府與大學越來越重視研發成果萌芽發展、技術移轉、產學合作及創業育成輔導成效。相信透過政府及校內補助各項產學單位從業人員之專業能力與創新服務功能、科專補助朝技術商品化發展以及重新思考技術商品化的養成教育，我們深信若能朝此目標發展，必能發展出更多中堅企業和隱形冠軍（Hidden Champions），以帶動臺灣產業經濟的新榮景。

二、技術商品化機會與評估

（一）技術商品化評估程序

如何做技術商品化評估？一般在進行技術商品化過程，初步我們會先將相關專案文件進行蒐集彙整。在技術分析上會先探究其技術成熟度，如分析目前階段是處於開發構想或是已取得專利？還是已有原型產品等。下一步就是法規層面的探討，分別就技術發展相關法規及專利智財保護進行深度分析，例如發展生醫科技就必須就現行國內外醫療法規、健保給付制度及所處實驗認證（如為 EUA 或 FDA 階段）等進行分析評估，並同時就專利智財等進行檢索分析，是否採行技術授權合作等策略。再者就是進行市場面的市場潛力分析、可能潛在顧客、競爭對手及策略聯盟企業的分析。當有了技術與市場面的評估分析，接下來就是對整個技術商品化過程所需財務預算與經費的評估，以擬訂可行的商業化策略計畫，最終完成技術商品化評估報告（如圖 10-2）。

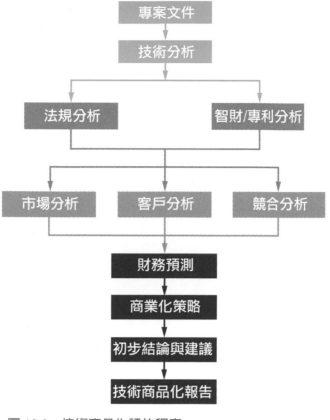

圖 10-2　技術商品化評估程序。

（二）技術商品化建構事項

　　以下我們以建構「智能環保高值化臺灣遊艇（Taiwan Yacht）」技術商品化為例，進行相關重要事項說明：

1. 臺灣遊艇產業價值鏈分析

　　在進行技術商品化前須對整體相關產業進行上中下游產業鏈分析，以本案為例，其遊艇產業鏈包括如下：

(1) 上游：五金零件、機器設備及室內裝潢材料供應商。

(2) 中游：國內外零組件，加上內裝與裝潢，配合開模製成的船身將其組合成遊艇（組裝業）。

(3) 下游：國內外經銷商與代理商。

2. **相關專利技術分析**

要推動臺灣遊艇的智能環保高值化發展的可能專利和技術列舉如下：

(1) 智能環保高值化遊艇技術主要開發具高附加價值的巨型遊艇（強調智慧化控制、環保省能源）。

(2) 發展船長85～95呎範圍、船速約12節、航巡距離高達3,000海浬以上。

(3) 奈米高分子複合材料（可自潔、抗鏽、較輕、省油）

(4) 引入生產管理資訊系統、無線射頻辨識系統（RFID）及無線感測網路（WSN）技術。

(5) 發展具專家智慧功能之船舶運動操縱模擬系統，進行先期操船訓練。

(6) 發展節能環保技術，降低耗油量3%以上。

(7) 開發先進可組裝式生產模具。

(8) 玻璃纖維強化塑膠（FRP）升級成豪華金屬殼遊艇。

3. **產品市場潛力**

除了上述的產業分析與技術分析外，再者就是針對潛力的市場做分析與策略規劃。

(1) 聚焦臺灣內需市場與新興亞洲藍海市場。

(2) 鎖定兩岸三地富豪需求市場。

(3) 訂定高效能螺旋槳總產值達新臺幣20億元（年成長率達20%）。

(4) 遊艇業產值潛力可達新臺幣200億（以年成長率10%估算）。

4. **技術與產品發展藍圖**

在智能環保高值化臺灣遊艇（Taiwan Yacht）技術商品化應在相關技術與市場推動有整體規劃的發展藍圖和具體時程規劃，如圖10-3。

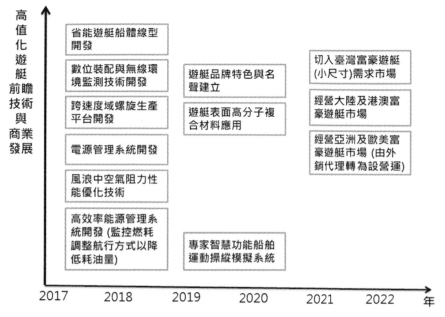

圖 10-3　高值化遊艇技術與產品發展藍圖。

5. 預計經費投入與產出效益

建議應有技術或產品開發之基本狀況的財務模型，把開發成本、初期生產成本、行銷和支援成本、生產成本、可能訂價和銷售收入預估，以及未來現金流入與流出的多寡，以評估專案投資決策是否行得通。

6. 市場切入策略

在本案「智能環保高值化臺灣遊艇（Taiwan Yacht）」，我們列舉以下為可能的市場切入策略做法：

(1) 初期以北部淡水及基隆漁港做社區整體營造。

(2) 建立下水設施與試營運專用碼頭。

(3) 舉辦遊艇設計競賽（Yacht Design Competition）。

(4) 舉辦單身愛之船聯誼活動。

(5) 搭配觀光旅遊套裝行程及 VIP 會員制收費。

(6) 提供遊艇駕駛訓練及租用試開服務。

(7) 建議透過國內遊艇活動的發展，進而衍生周邊水上娛樂、遊艇運輸、遊艇港。

(8) 以休閒設施開發、餐飲服務等關連服務業引導龐大商機與就業機會。

三、技術成熟度評估

在評估技術發展及應用可以採用國際間較為常見的技術成熟度或稱為技術準備度（Technology Readiness Level；簡稱 TRL）評估方式，TRL 是一種衡量技術發展（包括材料、零件、設備等）成熟度的指標，其為美國太空總署（NASA）使用多年的技術評估方法，後來為美國國防部（U.S. Department of Defense）所用，再廣為各國政府機構、學研單位及企業機構使用。

技術商業化操作模式會依據技術成熟度不同而有所差異，技術成熟度高的項目，廠商承接後所需要投入的研發成果可能較低，直接協助廠商改善生產流程或是成為產品商品化的機率較高；反之，廠商則需要投入較多的技術研發費用，需要花費較多的人力與資源，技術才有機會商品化。由此可知，在技術商業化計畫推廣時，技術項目的技術成熟度是一個重要的評估關鍵。

TRL 是一個系統化的量尺 / 衡量指標，可以讓不同型態的技術有一致性的衡量標準，描述技術從萌芽狀態到成功應用於某項產品的完整流程。TRL1 是技術成熟度最低，TRL9 則代表最高，以下分別說明 TRL 每個衡量尺度的操作定義（請參閱表 10-1）：

表 10-1　TRLs 衡量尺度說明

技術萌芽到商品化分類	TRLs 等級	發展階段	定義說明
Invention 發明	TRL 1	基礎理論被觀察和報告階段（Basic Principles Observed and Reported）	基礎科學研究成果轉譯為應用研究。
	TRL 2	技術概念應用制定階段（Technology Concept / Application Formulated）	為某項特殊技術、某項材料的特性等，找出潛在創新應用；此階段仍然是猜測或推論，並無實驗證據支持。

技術萌芽到商品化分類	TRLs 等級	發展階段	定義說明
Concept Validation 概念驗證	TRL 3	理論分析與實驗證明階段（Experimental Proof of Concept）	在適當的應用情境或載具下，實驗分析以驗證該技術或材料相關物理、化學、生物等特性，並證明潛在創新應用的可行性（Proof-of-Concept）。
	TRL 4	實驗室環境中技術驗證階段（Technology Validated in Lab）	接續可行性研究之後，該技術元素應整合成具體元件，並以合適的驗證程序證明能達成原先設定的創新應用目標。
Prototyping and Incubation 原型設計和育成（孵化）	TRL 5	相關環境下技術驗證階段（Technology Validated in Relevant Environment）	關鍵技術元件與其他支援元件整合為完整的系統／子系統／模組，在模擬或接近真實的場域驗證。需大幅提高技術元件驗證的可信度。
Pilot Production and Demonstration 先期生產與示範	TRL 6	相關環境下技術展示階段（Technology Demonstrated in Relevant Environment）	代表性的模型／雛形系統在真實的場域測試。展示可信度的主要階段。
	TRL 7	預設操作環境下的原型系統展示階段（System Prototype Demonstration in Operational Environment）	實際的原型系統在預設的場域測試。驅使執行 TRL7 的目的已超越了技術研發，而是為了確認系統工程及研發管理的自信。
Initial Market Lntroduction 初步市場介紹	TRL 8	系統完整合格階段（System Complete and Qualified）	實際系統在真實的場域測試，結果符合設定之要求。代表所有技術皆已整合在此實際系統並將進入最終完善階段。
Market Expansion 市場擴展	TRL 9	在操作環境中經過驗證的實際系統階段（Actual System Proven in Operational Environment）	實際系統在真實場域達成最終階段目標。

資料來源：作者整理。

此外，談起技術衡量評估方法可以參考余序江教授（Oliver Yu）於 2006 年所撰寫專書《Technology Portfolio Planning and Management- Practical Concepts and Tools》，書中針對如何進行技術衡量評估提出指標系統。根據余教授分類，提出技術衡量指標可分為六大構面，分別說明如下：

1. 策略重要性（Strategic Importance）：該技術對於企業維持競爭優勢之重要性。

2. 商品化價值（Commercial Value）：技術發展成功所帶來之經濟價值。

3. 商品化時程（Commercial Timing）：市場願意接受該技術之時間點。

4. 風險（Risks Probability）：技術發展風險或商品化風險。

5. 技術可獲得性（Technology Availability）：由外部取得該商品化技術可能性。

6. 技術定位（Current Position）：相對於競爭者，公司在此技術上能力與優勢。

根據上述六大構面與細部和衡量指標，可將不同構面分成三級標準（高、中和低）。有了技術衡量指標後，下一步即是建立技術雷達圖（Technology Radar）以進行不同方案比較與評估，如圖 10-4 所示。

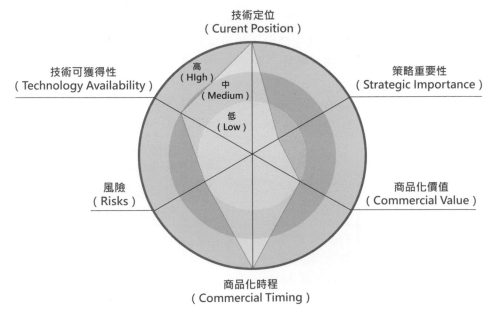

圖 10-4　技術雷達圖。
資料來源：Oliver Yu，科技政策與資訊中心—科技產業資訊室。

第 1 章

第 2 章

第 3 章

第 4 章

第 5 章

第 6 章

第 7 章

第 8 章

第 9 章

第 10 章

10-2 技術加值與商業發展規劃

　　以技術創新突破與新興商機發現來取得企業利潤和長期發展，一直是全球企業和各國政府努力追求的目標。如何縮短技術與商業落差，達成技術商品化與產業化成功，需要不斷的努力與彈性應變。更重要的是需要有研發成果商業化與產業化推動之創新思維，若能透過完善的前瞻技術應用規劃來達成技術商品化的成功，才可能帶來新一波的產業成長。

　　在進行技術商業化的萌芽程序發展時，其中技術和商業發展的分析與評估上分別有不同工作要進行。技術的評估方面需進行技術整合與盡責調查（Technology Integration & Due-Diligence）工作，內容包括：技術的差異化比較、技術的完整性、技術的被替代性和專利權與原創性價值分析評估。我們必須清楚目前掌握或擁有的技術與其他技術有何差異性，如何透過技術的合作或整合來增強其完整性價值，也必須對於技術的被替代性和原創性價值進行深入評估，找出技術真正的利基。而在商業發展規劃方面，則可利用下列幾個商業評估面向加以分析，包括：與市場區隔化地位、技術／產品認證、技術產品的可重複製造性與技術產品的上下游供需現況等。因為要推動技術商品化的成功，無論是自行開發或引進技術合作，都必須在這些技術和商業層面上詳加探討，做好技術商品化規劃，以提升技術商品化的成功機率（如表 10-2）。

　　現今無論在學術機構、企業組織或研究機構內的許多研究成果，多具備原創的構想、關鍵技術與開發團隊。但與產業接軌還有許多要克服的問題，包含：如何整合產品與技術、進行專利保護與布局、技術授權與商業模式創新，亦須考量產品與製造的工程化困難，是否有中大型主流廠商願意參與產業化發展等問題，若能在技術商品化的過程中，能多思考兼具市場與產業的期望和需求，相信將有助於衍生新創事業或提高技轉授權意願。

表 10-2　技術加值與商業規劃評估

技術 / 商業	分析評估重點
Technology Integration & Due-Diligence （DD） 技術整合與盡責（背景）調查	技術的差異化
	技術的完整性
	技術的被替代性
	專利權與原創性價值
Business Development Planning 商業發展規劃	與市場區隔化地位
	技術 / 產品認證
	技術產品的可重複製造性（量產）
	技術產品的上下游供需

資料來源：作者整理。

對於技術商業化的展開過程，我們提出如下幾項參考建議：

（一）以市場與產業需求導向出發

在技術開發過程中，從事技術研發之相關研究人員多數一直侷限在挑戰技術創新門檻，常忽略市場需求變化，也常製造業界所謂的品質浪費，如為追求良率微幅提升，卻付出開發成本倍增或量產上市時間延宕過久的代價，使得產品因而變得不具市場競爭力。

若能在產品開發的初期與發展過程中，適當的導入商業人員來提供國內外產業趨勢、市場與客戶需求資訊（特別是領導廠商的需求）和政府產業政策等，以作為研發之參考。並透過技術與商業人員的共同合作，從研發方向擬定、初期成果之市場驗證和回饋、技術和商業策略修訂等，將可增加技術發展成效與商業效益。

（二）利用產業群聚，鏈結主流市場

可透過加入產業供應鏈或產業群聚（Cluster）瞭解領導廠商市場需求，有助於產業或公司未來之布局，搶得商機。另外，瞭解供應鏈關係，有助於擬定市場定位、技術開發、場域試驗、商業模式與服務設計策略，而產業群聚內之企業彼此互助合作也有助於加速商品化時程。

（三）建立機構內之試量產功能

　　許多大學或法人研究機構之研發成果無法成功商品化，最重要的原因是原創技術僅止於實驗室開發出之原型產品或技術，受限於設備或經費不足，無法於研究機構內建立試量產（Trail Run）功能。若不能尋找出有意合作或技轉之廠商，最終也僅能以發表期刊文章而告終。如能結合政府資源和機構內資源，從技術應用的初期到後期，透過小量的試產機會與結果，可強化技術商品化信心。若要進行技轉授權則可提高廠商技轉意願及商議較好的技轉條件，也有助新一代產品的升級與改進。

（四）成立新創事業來呈現研發成果價值

　　好的技術應用價值，若能由研發成果往商業規劃、產品發展到新創事業設立，相信對於國家產業創新與經濟發展乃至於就業機會提升都將具有實質貢獻。目前國內各大學或法人研究機構均設有創新育成中心可以提供前育成（Pre-Incubation）、育成（Incubation）及後育成（Post-Incubation）服務，還有許多單位提供新興產業加速器（Accelerator）服務功能，也有助於新創事業之設立與加速發展。

10-3　創新發明的事業化

一、技術加值衍生創業程序

　　在技術商業化與事業化的推展過程，可採投入、加值和產出之 IPO 方式，在過程中做專利技術加值，最終衍生出新創事業（如圖 10-5）。

　　首先，技術的來源管道相當多，透過開放式創新、技術搜尋、技術評估及技術取得程序，透過資訊和需求掌握及技術和市場可行性評估，找出具潛力之技術。再透過專利布局、技術包裝和組合、專利鑑價和保護、技術行銷推廣和新創事業評估等技術商業化加值程序，最終產出技術授權、衍生新創事業和創新育成輔導。

技術是創造商品與服務的必要工具和投入，客戶要的不全然是技術，而是技術轉換而來的「滿足需要的解決方案」。這些創新技術商品能為顧客創造哪些價值？價值是否為迫切需要或無可取代？我們必須有清楚的顧客區隔和市場定位，掌握核心能力，建構競爭網絡的競合關係，以保障利潤的實現和形成競爭優勢。

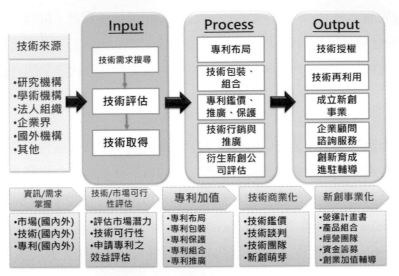

圖 10-5　技術商業化與事業化程序。

二、臺灣新創生態系統

　　一個良好的創業環境應是建構一個完善的創業生態系。美國知名創業管理學教授兼企業家 Daniel Isenberg 在 2011 年於全美知名創業大學 Babson College 之創業生態系統計畫中，提出創業生態系統包括：政策（政府政策、法規及計畫等）、資金（天使、創投、資金貸款等）、文化（社會規範、價值觀等）、支援（專業基礎設施如法律、會計等服務，實體基礎設施如電信、交通運輸等）、人力資本（教育機構、員工人力素質等）及市場（創業家網絡平臺、顧客接受度等）。認為維持創業的關鍵因素在於將創業生態系統中的因素做有機的整合。

　　根據國際調研機構 Startup Blink 發表「2021 年創業生態系排名」報告，臺灣在2021 年進步 4 名，全球排名第 26、亞太居第 7。其中，在硬體、物聯網（IoT）及醫療科技領域更進入全球排名前 15。報告也指出，在全球 1,000 個城市評比，大臺北地區（Taipei City）名列第 41 名，較去年進步一名，報告也點出知名新創，包括

AI 新創公司沛星互動科技（Appier）、電動機車公司 Gogoro 跟雲端廚房公司 Just Kitchen 為臺灣最具代表性的優質新創企業。

以目前臺灣新創生態系而言，包括眾多軟硬體和各級組織所帶來的資源與資金，新創團隊如能善用這些資源，相信必能有助健全企業之發展，以下簡介可以善用之新創資源：

1. 共同工作／育成空間：如新北創力坊、濕地 Venue、Impact Hub、t.Hub、臺灣科技新創基地（Taiwan Tech Arena （TTA））、林口新創園區、全臺各地育成中心和公民營眾創空間。

2. 群眾募資：flyingV、群募貝果、嘖嘖、創櫃板等。

3. 媒體資源：數位時代、社企流、泛科技、TechOrange、INSIDE 等。

4. 加速器：StarFab、Appworks、Garage+、SparkLabs 等。

5. 公務機構／法人：國家發展委員會、經濟部、科技部、教育部、文化部、工研院及資策會等。

6. 大企業資源：研華科技、鴻海精密、台積電、中華電信、華碩電腦等企業。

7. 創投：之初創投（AppWorks）、500 Startups、心元資本（Cherubic Ventures）、中華開發金控、Translink Capital 等。

8. 潛力新創企業：91APP、KKday、Gogoro、EZTABLE、Pinkoi 和奧丁丁等。

9. 快製服務／自造者空間：FutureWard、FABLAB Taipei、臺灣創新快製媒合中心（TRIPLE）等。

10. 部會及法人機構：行政院轄下所屬部會、工業技術研究院、資訊工業策進會。

三、創業準備的十件事

綜觀在臺灣能有較大較好的創業發展現況和趨勢，技術創業仍然是臺灣青年創業的理想選擇，尤其在 ICT（資通訊科技）、AI（人工智慧）及生技醫療領域方面。再者，就是能整合內外資源形成獨特的商業模式，透過場域實證的模擬與試驗，尤其智慧生活與服務平臺類型的創新與整合。此外，透過跨境的合作，如文創商品的

跨境合作與開發，也將是臺灣青年展現兩岸合作創業優勢的絕佳機會。

　　讓創意變生意確實不容易，以下筆者提供給未來想創業的團隊或個人參考：

（一）做好心理準備與調適

　　創業最重要的是心態調整和心理建設，你的家庭生活也可能因而發生改變，你可能破產而一無所有，如何在失敗後還能不屈不撓、東山再起，國外有些開設的創業課程一開始是教心理建設與負債管理，近年來也有不少單位開設「失敗學」這門課，我想我們不應只是一味地學習成功而忘了失敗經驗更可貴。

（二）掌握產業趨勢與新興商機

　　創業不外乎對於產業與市場要有敏銳嗅覺，即使沒有敏銳嗅覺也該多關注財經新聞及雜誌，並透過學習進修充實知識。例如：如果不嘗試去了解人工智慧發展（Artificial Intelligence）、大數據應用（Big Data）、物聯網（Internet of Thing, IoT）、區塊鏈（Block Chain）、非同質化代幣（Non -Fungible Token, NFT）和元宇宙（Metaverse）等新發展，就無法了解其對我們未來的影響及可能的衍生商機為何。

（三）籌組創業團隊

　　擁有一個好的創業團隊相信就成功了一半，能和專長互補及志同道合的夥伴一起拓展新事業，相信是相當讓人興奮的。創業過程難免不如意，應彼此相互激勵。而根據事業發展的目標或規模不同，成員組成也會有所不同。

（四）精實產品開發

　　初創企業應投資時間於快速更新產品與服務，以提供給早期使用者試用，那他們便能減少市場的風險，避免早期計畫所需的大量資金虧損、昂貴的產品上架與失敗。

（五）建立商業模式

　　管理大師彼得・杜拉克：「當今企業之間的競爭，不是產品之間的競爭，而是商業模式的競爭。」簡單來說，商業模式即是一個事業創造營收利潤的手段與方法。投入創業前，必須先思考企業發展的商業模式，並隨時空環境變化進行修正。

（六）智慧財產權與法規驗證

創業常見與競爭對手進行專利、商標、著作權及營業秘密的智慧財產權大戰，因此，企業發展必須做好智慧財產權保護。另外，也常須面對公司法、消保法、公平交易法、法律契約問題，以及商品技術須進行法規檢驗認證，創業者不得不關心自身權益並避免誤觸法律糾紛。

（七）募集資金與運用

財務計畫對企業經營來說，是件非常重要且專業的事。新創企業主也常憑藉自己的感覺來操作與想像，因此，常無法有效掌握盈虧，以致造成周轉不靈而倒閉。創業要了解資金來源的管道及可能的資金流向，在企業不同的發展階段，做好資金控管以穩健經營。

（八）行銷與品牌經營

行銷管理是針對目標市場，透過創造、溝通及傳遞優異的顧客價值，來爭取、維繫並增加顧客的藝術與科學。推銷若要成功，必須要先能將產品推銷給自己。客戶開發第一步：先弄清楚誰是你的目標客戶。而品牌經營絕對不是指一個公司或產品名稱，創業過程中的市場行銷與品牌經營的專業能力可以自己培養，也可以借助外部專業公司顧問進行輔導。

（九）創業風險與退場轉型

創業之路其實也是風險管理之路，承擔風險靠的並非勇氣，而是智慧。有風險相對較有商機，創業失敗也可能奠定下一次創業成功基礎，既然選擇了創業就別害怕失敗，但可以學習少走冤枉路。創業也該先為自己設下退場與轉型策略，如設下停損點或公司成長至一定程度後，委託專業經理人經營而退居幕後等。

（十）善用政府／民間創業資源

現今應是最好的年代，可運用的資源極多，如新興技術陸續問世、政府投入更多的創業輔導資源等，遇上創新創業蓬勃發展的年代，套一句創業圈常說的話：「站在風口，豬都會飛。」但現今也可能是最壞的年代，如遇上全球新冠疫情影響經濟。

不管如何？別忘了善用政府或民間資源來加速企業發展，但也別沉迷於政府的補助資源，畢竟企業還是要靠自己長大，而不是靠政府奶水過活。

四、創業計畫書撰寫

創業計畫書在整個創業過程中扮演極為重要的角色。不過，確實有為數眾多的創業者沒有撰寫過創業計畫書，就憑著感覺及見招拆招的心態來創業。事實證明，有擬訂完整的創業計畫書的創業團隊相對而言較容易成功。有了創業計畫書，就可以清楚告訴事業合夥人或是投資者，此計畫是有方向、有目標、有願景、有步驟的，值得信賴。

如何寫出動人的創業計畫書？依筆者個人淺見，動人的創業計畫書應具備五大要素：展現誠意、具備專業、秀出亮點、創造價值及具體可行。並掌握 SMART 基本原則：S（Specific，明確的）、M（Measurable，可衡量的）、A（Attainable，可達成／可實現）、R（Reasonable，合理的）及 T（Time，時間規劃）。也就是說計畫目標及執行內容應有非常明確的目標，所陳述的項目可以數量化，設定的目標是可以被達成和實現，目標為合理範圍，以及有具體時間表來完成目標。

完整的創業計畫書則應具備以下重要章節內容可參照表 10-3：

表 10-3　創業計畫書應具備的內容

章節單元	撰寫重點
1. 計畫摘要	在計畫摘要章節中，以下有幾點重要提醒： (1) 須集中創業人經營企業的全部重點和計畫。 (2) 給人的第一印象必須是「這是一個有錢可賺的投資項目」。 (3) 必須正面闡述，充滿信心與熱情。 (4) 內容精簡，最多兩頁，最好縮成一頁。 (5) 摘要須留待計畫初稿完成，最後再撰寫。
2. 創業緣起與事業構想	開辦新創事業首要是向人們說明為何創辦此事業（創業的動機、解決什麼痛點或創造什麼附加價值）。並說明公司名稱與商標設計、創業的產品與服務範圍、經營理念、企業文化與願景目標，以爭取認同。

章節單元	撰寫重點
3. 產業與目標市場分析	在發展事業的過程中，重要的是對產業現況與市場規模的了解。所看見的新市場機會為何？如何進入這個市場？在此特別提醒：整體市場、可服務市場與目標市場各有不同之處。 (1) 整體市場：通常為產業分析調查所估算出之最大市場規模。 (2) 可服務市場：在這整體市場中與潛在客戶訪談後所計畫算出之可服務的市場規模。 (3) 目標市場：與潛在客戶訪談、辨識與訪談競爭對手和辨識與訪談通路夥伴等後所設定之要努力達成目標的市場。 此外，在產業與市場分析上，除善用次級資料庫與第一手蒐集調查的市場情報外，可以善用麥可・波特（Michael Porter）的五力分析、魚骨圖分析、競爭者分析、SWOT（Strength 優勢、Weakness 劣勢、Opportunity 機會、Threat 威脅）分析工具，協助釐清產業與市場現況，最終完成未來市場發展的潛力評估。
4. 商業獲利模式	誠如管理大師彼得・杜拉克（Peter F. Drucker）所說：當今企業之間的競爭，不是產品之間的競爭，而是商業模式的競爭。商業模式即是一個事業創造營收與利潤的手段與方法。 以共享經濟的個案：Airbnb 和 Uber 為例，這兩間公司並沒有建構龐大的旅館和計程車隊資產，而是透過商業模式創新與經營共享平臺，創造出數百億美金估值的市場價值。 而由亞歷山大・奧斯瓦爾德（Alexander Osterwalder）與伊夫・比紐赫（Yves Pigneur）所研究出的商業模式畫布（Business Model Canvas）工具，簡稱商業模式九宮格，則提供了我們對商業模式建立之思考，逐步完成商業模式的九大要素建構： (1) 目標客層（Customer Segments, CS） (2) 價值主張（Value Propositions, VP） (3) 通路（Channels, CH） (4) 顧客關係（Customer Relationships, CR） (5) 收益流（Revenue Streams, R$） (6) 關鍵資源（Key Resources, KR） (7) 關鍵活動（Key Activities, KA） (8) 關鍵合作夥伴（Key Partnership, KP） (9) 成本結構（Cost Structure, C$） 該章節主要闡述創業項目透過什麼樣的技術或商業模式等創新手段解決了行業中的某個 / 某些痛點問題，是否有人願意為解決這種問題而買單，是否具備商業價值；項目是怎麼設計收入模式的，希望哪些人或市場參與方為項目的哪種產品或服務買單。

章節單元	撰寫重點
5. 技術研發計畫	在技術研發計畫單元章節內，建議應多闡述其產品或技術：創新性說明、產品技術評估、技術來源說明、技術規格優劣功能比較、可行性分析、智慧財產權檢索與專利布局、技術所有權分布、預計投入研發計畫經費及預期效益評估等內容。不過，與其太過強調技術專屬與獨特，不如多談技術商品化，以及創新技術可帶來多少新營收。
6. 業務拓展與行銷策略	俗話說得好：賺錢靠推銷（業務），致富靠行銷。行銷管理是針對目標市場，透過創造、溝通及傳遞優異的顧客價值，來爭取、維繫並增加顧客的藝術與科學。在事業的產品和服務行銷上，應有清楚之行銷市場區隔、目標市場與產品定位：STP（Segmentation、Targeting、Positioning）、行銷 4P（Product 產品、Price 價格、Place 通路、Promotion 促銷）及行銷 4C（Customer Need Value 為客戶創造需求價值、Cost to Customer 為客戶節省成本、Convenience 提供便利性、Communication 互動溝通）等說明。 在事業的行銷規劃方面，應善用數位經濟時代的行銷方式、網路搜尋引擎優化（SEO）、部落格行銷、社群行銷、讓消費者「玩」成忠實顧客的體驗行銷、具感染力的病毒式行銷、飢餓行銷、公益行銷、綠色行銷、網紅行銷及議題（事件）行銷等方式，擬定行銷策略規劃。此外，如何提高公司與市場能見度？預期成長率為何？銷售預測為何？以及第一個客戶在哪？如何擴大客源，業務短中長期規劃為何？最重要的是要證明能成交或是已有初期試用者的回饋，以上這些都是審閱計畫書的專家相對有興趣瞭解之內容。
7. 財務計畫與資金運用	擬定財務計畫與資金運用對象多創業者而言都是一項高難度的工作，發生高估營收且低估成本，也是司空見慣的事，因無法透過精準的財務估算，降低公司的財務壓力，企業常面臨歇業或倒閉的命運。在此，建議內容應包含： (1) 創業的資金來源（包含出資比例、銀行貸款、資金來源）說明，此規劃將會影響事業股權分配與獲利分紅。 (2) 應詳述資金具體用途及每個事業階段所需之資金比例。 (3) 未來 1～3 年預期營收效益。 在財務規劃上也建議運用預估損益表、資產負債表、現金流量表等常見財務報表及分析來呈現公司的財務規劃，並對不同的營運階段導入不同管道的營運資金。目前較常見的資金管道是傳統融資、天使投資人、企業投資、創櫃板、國發天使基金、校園基金投入、工業銀行、投資銀行、私募市場、創投業者、政府獎補助、群眾募資、競賽優勝獎金、傑出校友投資等方式。 若創業項目有融資計畫，應說明融資的目的及資金使用計畫，稀釋多少股權引入多少資金，希望投資人提供資金之外的哪些幫助支持。

章節單元	撰寫重點
8. 生產製造計畫	生產製造計畫主要說明：生產期程規劃、產品的製作流程、測試、所需技術、機具、設備及原物料、供應商管理、設廠（營運）地點優缺點考量、污染防治處理、碳中和規劃問題。其他如在尋找廠商協助開發原型樣品上，建議應先解剖樣品 / 產品之零件或材料組成（BOM），對製造廠商進行背景調查及篩選，了解政府相關法規，如代工廠是否合法，選擇國內生產還是海外生產，品質、成本價格與交期協商，設計產品包裝樣貌等，對於生產製造上都是非常重要。
9. 公司經營團隊	創業團隊的優劣常是企業成敗與爭取投資之重要因素，本章節應清楚說明：主要經營團隊的背景與經歷、領導者風格與人格特質、周延組織架構與功能、是否掌握事業之核心技術與價值、團隊的股權分配設計、經營團隊的聲譽（Reputation）及人力資源規劃，還有最重要的是展現執行團隊的執行力。 此外，在創業團隊的籌組上應留意你有的是團體還是團隊？是否有供應鏈支援系統？有無培養長期發展所需人才？不同行業人才的組成，建構外部虛擬團隊、專業經理人與業務行銷人才，團隊成員的穩定度。
10. 風險評估分析	創業路上常會有不同風險，常見有四項風險類型： (1) 營運風險（如：新產品開發、零組件供應、模組化設計而引發） (2) 財務風險（如：匯率變動、資產流動性等造成） (3) 業務風險（如：產業環境結構，客戶、成本、利潤之變動等問題） (4) 信用風險（短期投資、應收帳款等問題） 風險固然很多，但請讓聆聽與審查的專家或投資者，知道你處理危機的態度與判斷，提出因應方案，以確保創業可行性，並仔細評估安全退場機制。
11. 效益與貢獻	請預估產出內容，包含：新增員工人數、申請專利數、研發成果、預估產值、對社會大眾產生之影響等。 小提醒：別忘了回頭去寫執行摘要！
12. 附件 / 附錄	可以提出佐證資料與具參考價值之書面資料，例如：研發團隊已有之專利證書、技術授權或移轉證明、從業人員專業證照、獎牌及獎座、營運實績、公司管理制度、主要合約資料影本、信譽證明、媒體報導資料、市調結果及三年計畫時程表等。

資料來源：張耀文和張榕茜，2020，《創新與創業管理》，新北，全華圖書出版。

10-4 案例與討論

「得晶片者馳天下，造應用者掌全局」──鈦芯電子科技

公司名稱：湖南鈦芯電子科技有限公司（TXIC）

法定代表人：尹其言董事長

從 2018 年中美貿易戰開始，半導體產業成為家喻戶曉的專有名詞，全球相關產業都因晶片缺貨，苦不堪言，晶片儼然成為重要戰略物資。各國政府意識到晶片短缺將面臨國家安全和經濟安全風險，紛紛投入半導體產業鏈建設，全球進入半導體軍備競賽。而臺灣長期深耕半導體產業發展，上、中、下游產業鏈完整，成就享譽全球，台積電（TSMC）更被譽為臺灣的「護國神山」。

第三代化合物半導體是目前高科技領域最熱門的話題，在 5G、電動車、綠色能源和工業 4.0 發展中扮演不可或缺的角色，而「鈦芯電子科技有限公司」便是一家以第三代化合物半導體碳化矽（SiC）材料為核心，研製大功率電力電子功率半導體設計與產品多樣應用的新創公司。近期更以第三代化合物半導體「碳化矽（Silicon Carbide, SiC）」為基礎材料作為功率半導體晶片（MOSFET）設計核心，推出全新功率器件品牌「鈦芯特能 SiCtron™」全應用鏈，成功實現技術商品化，是第三代半導體產業中的業界翹楚。

「鈦芯電子科技」的掌舵靈魂人物為臺灣出身的企業家尹其言博士（圖 10-6），他在國立政治大學先後取得資訊管理學博士、法律學碩士和經營管理碩士（EMBA）三個學位，也在國立臺灣大學取得工業工程學碩士學位。在半導體、資訊科技與電子通訊產品等相關產業鑽研服務逾 25 年，擅長企業營運管理，積極推廣產業加值創新，擁有多元豐富的跨領域產業經歷；涵蓋海峽兩岸三地研發設計、科技製造、業務行銷與運籌服務，是跨領域與跨產業的優秀人才。

圖 10-6 鈦芯電子科技尹其言董事長。

對於半導體市場，尹董事長提出「得晶片者馳天下，造應用者掌全局」的商品化和事業化理念。隨著全球 5G、電動車及智慧物聯網等市場持續成長，帶動微波元件及功率半導體等相關產品需求快速增加，進而推升第三代化合物半導體的相關研發應用。而「鈦芯電子科技」也在此時以「創芯中國」為主題，對外發布「鈦芯電子科技」晶片品牌發展規劃及其全新功率晶片產品品牌「鈦芯特能 SiCtron ™」（圖 10-7）。

SiCtron ™ 是 SiC + electron 的縮寫字，意指碳化矽可以發揮強大的電子能量。這項技術使鈦芯電子成為中國大陸第一個，也是唯一一個成功打造碳化矽全應用鏈的企業（圖 10-8），正在開展第三代化合物半導體碳化矽在全球綠色能源應用領域的全新篇章。在中國大陸加速推進「碳達峰」和「碳中和」的趨勢背景下，以碳化矽為代表的第三代化合物半導體材料，將突破原有半導體材料在大功率、高速、高溫環境下的性能限制，在新能源汽車、光伏發電、消費電子等新興領域發揮出重要的作用。

談到技術商品化和事業化的成功經驗，尹董事長以第三代化合物半導體在「品牌行銷」、「核心技術」和「智慧財產權」三大面向為例進行說明，尹董事長建議在推進技術應用發展，先聚焦在「產品特質」、「供需鏈最佳化」，以及「與應用鏈快速對接」層面，必須關注產業發展全局，從找出新的市場應用需求，以高效率執行力開闊科技行銷與市場競爭的成功路徑，透過服務創新來滿足客戶需求，並為股東們創造最大的投資效益。尹董事長建議企業界和學術、研究機構應加強產學合作關係，各單位也應積極培養技術商品化與事業化所需跨領域專業人才，共同攜手創造兩岸科技創新所帶來的新一波經濟成長。

鈦芯電子科技

第三代半導
體技術應用

圖 10-7 鈦芯電子科技充電樁。

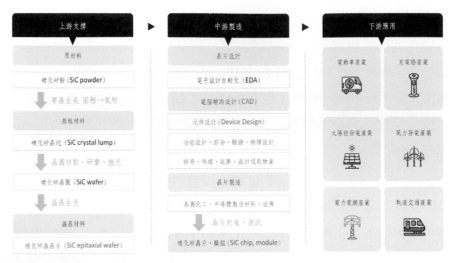

圖 10-8 碳化矽供應鏈全景圖。

科技小常識

在半導體材料領域中，第一代元素半導體是「矽」（Si）或「鍺」（Ge），第二代化合物半導體是「砷化鎵」（GaAs）或「銻化銦」（InP），第三代化合物半導體又稱「寬能隙半導體」（Wide Band Gap, WBG）是「碳化矽」（SiC）和「氮化鎵」（GaN）（表 10-4）。寬能隙半導體中的「能隙」（Energy Gap），代表著「一個能量的差距」，意即讓一個半導體「從絕緣到導電所需的最低能量」。

表 10-4 第一代元素、第二代化合物以及第三代化合物半導體比較表

分類	第一代半導體	第二代半導體	第三代半導體
年代	1950 年代	1990 年代	2010 年
材料	矽（Si）、鍺（Ge）	砷化鎵（GaAs）、磷化銦（InP）	氮化鎵（GaN）、碳化矽（SiC）
規格	8/12 寸晶圓廠，3/5/7 奈米製程	4/6 寸晶圓廠，0.1/0.15 微米製程	4/6 寸晶圓廠，0.5/1 微米製程
特性	低電壓、低頻、中功率	高速、高頻、大功率、發光	高溫、高頻、大功率、抗輻射
應用	超大型積體電路與器件	微薄積體電路與器件	大功率器件

延伸思考

1. 試探討新能源汽車市場（The BEV market）現況、供需鏈發展，以及未來的機會與挑戰？

2. 試嘗試了解何謂第三代化合物半導體（The Third Generation Compound Semiconductor），與前兩代半導體相比之技術與優點為何？

參考資料

1. 余序江教授（Oliver Yu），2006，《Technology Portfolio Planning and Management- Practical Concepts and Tools》。

2. 科技政策與資訊中心 - 科技產業資訊室（2008）。

3. 張耀文和張榕茜，2020，《創新與創業管理》，新北，全華圖書出版。

腦力激盪

1. 技術商品化與事業化需要跨領域整合人才來協助推動，試問如何培養優質的跨領域專業的創新創業人才？

2. 試分組討論產品開發專案管理，哪些可能是阻礙專案成功的可能因素？

圖片來源

圖號	來源
圖 1-1	dreamstime 圖庫
圖 1-2	dreamstime 圖庫
圖 1-3	dreamstime 圖庫
圖 1-4	dreamstime 圖庫
圖 1-5	參考繪製：作者提供資料
圖 1-6	參考繪製：作者提供資料
圖 1-7	dreamstime 圖庫
圖 1-8	中華大學提供
圖 1-9	參考繪製：作者提供資料
圖 1-10	作者提供
圖 1-11	作者提供
圖 1-12	作者提供
圖 1-13	作者提供
圖 2-1	參考繪製：作者提供資料
圖 2-2	dreamstime 圖庫
圖 2-3	dreamstime 圖庫
圖 2-4	dreamstime 圖庫
圖 2-5	dreamstime 圖庫
圖 2-6	dreamstime 圖庫
圖 2-7	dreamstime 圖庫
圖 2-8	dreamstime 圖庫
圖 2-9	參考繪製：作者提供資料
圖 2-10	dreamstime 圖庫
圖 2-11	東京大學生產技術研究所 https://r.goope.jp/ysakai/info/page/6

圖片來源

圖號	來源
圖 2-12	https://www.feeldesain.com/nike-unlimited-stadium-philippines.html
圖 2-13	作者提供
圖 2-14	dreamstime 圖庫
圖 2-15	dreamstime 圖庫
圖 2-16	作者提供
圖 2-17	https://www.noisebridge.net
圖 2-18	參考繪製：作者提供資料
圖 2-19	參考繪製：作者提供資料
圖 2-20	https://www.theguardian.com
圖 2-21	https://weibo.com/n/%E7%BF%8E__Ling
圖 2-22	參考繪製：作者提供資料
圖 2-23	作者提供
圖 2-24	作者提供
圖 2-25	作者提供
圖 3-1	dreamstime 圖庫
圖 3-2	dreamstime 圖庫
圖 3-3	參考繪製：作者提供資料
圖 3-4	參考繪製：經濟部智慧財產局
圖 3-5	參考繪製：智慧財產與商業法院
圖 3-6	作者提供
圖 3-7	作者提供
圖 3-8	參考繪製：作者提供資料
圖 4-1	dreamstime 圖庫
圖 4-2	dreamstime 圖庫

圖片來源

圖號	來源
圖 4-3	https://logos-world.net/starbucks-logo/
圖 4-4	http://www.laoganma.com.cn/
圖 4-5	https://zh.m.wikipedia.org
圖 4-6	dreamstime 圖庫 https://zh-tw.facebook.com/tw.crocodile/
圖 4-7	dreamstime 圖庫
圖 4-8	https://www.coa.gov.tw/index.php http://www.ttrd.org.tw/TCC_Toy_ST.asp https://www.tqf.org.tw/tw/index.php
圖 4-9	全華圖庫 https://www.rotary.org/en
圖 4-10	http://www.kkfa.org/producer.php http://www.tachia.org.tw/index.aspx
圖 4-11	作者提供
圖 4-12	dreamstime 圖庫
圖 4-13	https://www.facebook.com/IPTouring/posts/492686554422583/
圖 4-14	https://topic.tipo.gov.tw/trademarks-tw/cp-506-859584-b7258-201.html
圖 4-15	https://gialacphuoc.vn/san-pham/
圖 4-16	https://twtmsearch.tipo.gov.tw/
圖 4-17	https://www.chungtai.com.tw/product.php?_path=product_detail&id=16
圖 4-18	https://zh-cn.facebook.com/TIPO.gov.tw/posts/1119529361422946/
圖 4-19	作者提供
圖 4-20	參考繪製：作者提供資料
圖 5-1	dreamstime 圖庫
圖 5-2	dreamstime 圖庫
圖 5-3	參考繪製：作者提供資料

圖片來源

圖號	來源
圖 5-4	dreamstime 圖庫
圖 5-5	dreamstime 圖庫
圖 5-6	全華圖庫
圖 5-7	智慧財產權研究所 https://iip.ntut.edu.tw/p/404-1092-28813.php?Lang=zh-tw
圖 6-1	參考繪製：作者提供資料
圖 6-2	參考繪製：作者提供資料
圖 6-3	dreamstime 圖庫
圖 6-4	參考繪製：作者提供資料
圖 6-5	參考繪製：作者提供資料
圖 6-6	作者提供
圖 6-7	作者提供
圖 7-1	https://today.line.me/tw/v2/article/MLXPBvw?imageSlideIndex=0
圖 7-2	作者提供
圖 7-3	參考繪製：作者提供資料
圖 7-4	https://oukajinsugawa.hatenadiary.jp/entry/2017/05/30/073000
圖 7-5	https://zh-cn.facebook.com/TIPO.gov.tw/posts/1324603510915529:0
圖 7-6	https://uspto.report/patent/app/20210004444#D00004
圖 7-7	參考繪製：經濟部智慧財產局
圖 7-8	參考繪製：經濟部智慧財產局
圖 7-9	參考繪製：經濟部智慧財產局
圖 7-10	https://www.tips.org.tw
圖 7-11	https://www.tips.org.tw
圖 7-12	https://www.tips.org.tw
圖 7-13	https://www.tips.org.tw

圖片來源

圖號	來源
圖 7-14	參考繪製：作者提供資料
圖 7-15	參考繪製：作者提供資料
圖 7-16	作者提供
圖 7-17	作者提供
圖 8-1	行政院農委會 https://www.coa.gov.tw
圖 8-2	dreamstime 圖庫
圖 8-3	參考繪製：行政院農委會
圖 8-4	https://www.zespri.com
表 9-1	https://zh.m.wikipedia.org/
圖 9-1	作者提供
圖 9-2	方策科技股份有限公司提供
圖 9-3	方策科技股份有限公司提供
圖 9-4	方策科技股份有限公司提供
圖 10-1	參考繪製：作者提供資料
圖 10-2	參考繪製：作者提供資料
圖 10-3	作者提供
圖 10-4	參考繪製：科技政策研究與資訊中心
圖 10-5	作者提供
圖 10-6	作者提供
圖 10-7	湖南鈦芯電子科技有限公司提供
圖 10-8	湖南鈦芯電子科技有限公司提供

國家圖書館出版品預行編目 (CIP) 資料

創新與智慧財產權管理 / 張耀文, 賴以軒, 富銘, 張
榕茜編著 . -- 初版 . -- 新北市：全華圖書股份有限公司, 2022.05
司 , 2022.05
　面；　公分
ISBN 978-626-328-212-4(平裝)
1.CST: 智慧財產權
553.4　　　　　111007794

創新與智慧財產權管理

編　　　著／　張耀文、賴以軒、富銘、張榕茜

發 行 人／　陳本源

執 行 編 輯／　林昆明

封 面 設 計／　楊昭琅

出 版 者／　全華圖書股份有限公司

郵 政 帳 號／　0100836-1號

印 刷 者／　宏懋打字印刷股份有限公司

圖 書 編 號／　09104

初　　　版／　2022年5月

定　　　價／　新台幣480元

I S B N／　978-626-328-212-4

全 華 圖 書／　www.chwa.com.tw

全華網路書店 Open Tech ／ www.opentech.com.tw

若您對書籍內容、排版印刷有任何問題，歡迎來信指導book@chwa.com.tw

臺北總公司(北區營業處)
地址：23671 新北市土城區忠義路 21 號
電話：(02)2262-5666
傳真：(02)6637-3695、6637-3696

南區營業處
地址：80769 高雄市三民區應安街 12 號
電話：(07)381-1377
傳真：(07)862-5562

中區營業處
地址：40256 臺中市南區樹義一巷 26 號
電話：(04)2261-8485
傳真：(04)3600-9806(高中職)
　　　(04)3601-8600(大專)

歡迎加入 全華會員

● 會員獨享

會員享購書折扣、紅利積點、生日禮金、不定期優惠活動…等。

● 如何加入會員

掃 QRcode 或填妥讀者回函卡直接傳真 (02) 2262-0900 或寄回，將由專人協助登入會員資料，待收到 E-MAIL 通知後即可成為會員。

如何購買 全華書籍

1. 網路購書

全華網路書店「http://www.opentech.com.tw」，加入會員購書更便利，並享有紅利積點回饋等各式優惠。

2. 實體門市

歡迎至全華門市（新北市土城區忠義路 21 號）或各大書局選購。

3. 來電訂購

(1) 訂購專線：(02) 2262-5666 轉 321-324
(2) 傳真專線：(02) 6637-3696
(3) 郵局劃撥（帳號：0100836-1　戶名：全華圖書股份有限公司）

※ 購書未滿 990 元者，酌收運費 80 元。

OpenTech 全華網路書店

全華網路書店 www.opentech.com.tw
E-mail: service@chwa.com.tw

※ 本會員制如有變更則以最新修訂制度為準，造成不便請見諒。

創新與智慧財產權管理
學後評量
第 1 章
創造力與創意思考

班級：＿＿＿＿＿＿
學號：＿＿＿＿＿＿
姓名：＿＿＿＿＿＿

一、選擇題

（　　）1. 下列哪些是培養創意的好方法？　(A) 學習探索與換位思考　(B) 慎選名師、益友和夥伴一同學習　(C) 學習看圖說故事的能力　(D) 以上皆是。

（　　）2. 電子書閱讀器（E-Reader）的發明可能用到「奔馳法（SCAMPER）」中的哪一個思考構面？　(A) 代替　(B) 適應　(C) 組合　(D) 重整。

（　　）3. 使用特性要因法（魚骨圖）的第一個步驟是　(A) 決定評價特性　(B) 列出大要因　(C) 分別記入中、小要因　(D) 圈選重要要因。

（　　）4. 設計思考（Design Thinking）的五大步驟中，第三個步驟為何？　(A) 同理心（Empathy）　(B) 需求定義（Define）　(C) 創意動腦（Ideate）　(D) 製作原型（Prototype）。

（　　）5. 當我們在運用設計思考方法時，在創意點子發想可以用哪些方法？　(A) 腦力激盪法　(B) 奔馳法（SCAMPER）　(C) 心智圖　(D) 以上皆是。

二、問答題

1. 試著思考用廢棄快遞盒或大型紙箱，做出實用的生活器具。

答：

2. 試分享今天所遇見一件最有創意的產品或事物。

答：

得　分

創新與智慧財產權管理

學後評量

第 2 章

創新發明與管理

班級：＿＿＿＿＿

學號：＿＿＿＿＿

姓名：＿＿＿＿＿

一、選擇題

(　　) 1. 對於「STEM」教育的描述，下列哪一項是錯誤的？　(A) 科學（Science）　(B) 技術（Technology）　(C) 工程（Engineering）　(D) 音樂（Music）。

(　　) 2. 騎乘腳踏車時可透過踩踏，產生車子運轉前行，主要會用到 TRIZ 法中的哪個發明方法？　(A) 複製　(B) 組合　(C) 機械震動　(D) 週期性動作原理。

(　　) 3. 在 TRIZ（萃思法）的創新方法中，包含多少個工程參數？　(A)39 個　(B)40 個　(C)41 個　(D)42 個。

(　　) 4. 人工智慧中因為包含許多層神經網路（neural network），以及大量複雜且離散的數據，稱之為何種學習？　(A) 機器學習　(B) 深度學習　(C) 網路學習　(D) 數據學習。

(　　) 5. 發展 AI 技術的公司，主要集中在三大項的技術，請問不包括哪一項？　(A) Algorithm 演算法　(B)Big Data 大數據　(D)Computing 運算力　(D) 機器設備。

二、問答題

1. 試列舉生活周遭有哪些是利用「熱膨脹原則」所設計出的產品？

答：

2. 試列舉生活周遭有哪些是利用「複合材料原則」所設計出的產品？

答：

得　分

創新與智慧財產權管理
學後評量
第 3 章
智慧財產權基礎概念

班級：＿＿＿＿＿＿
學號：＿＿＿＿＿＿
姓名：＿＿＿＿＿＿

一、選擇題

(　　) 1. 下列哪一項不包括在智慧財產權（Intellectual Property Right）範圍內？　(A) 品牌商標　(B) 專利權　(C) 著作權　(D) 公平交易法　(E) 消費者保護法。

(　　) 2. 著名的金庸小說、《哈利波特》小說在完成時，即取得何種智慧財產權？　(A) 專利權　(B) 著作權　(C) 商標權　(D) 營業秘密。

(　　) 3. 商標的自註冊日起算保護期間為多少年，可不斷延展使用年限？　(A)5 年　(B)10 年　(C)15 年　(D)20 年。

(　　) 4. 下列哪一項不是專利申請所需的三大保護要件？　(A) 產業上利用性　(B) 新穎性　(C) 進步性　(D) 商業性。

(　　) 5. 目前主管國臺灣智慧財產權申請業務的政府機關？　(A) 經濟部智慧財產局　(B) 商標局　(C) 專利局　(D) 智慧財產與商業法院。

二、問答題

1. 請比較我國專利法、商標法、著作權法、營業秘密法所保障之智慧財產權何不同？請就其保護目的、保護客體、保護要件及保護期間等項目進行比較說明。

答：

2. 請問下列產品，可有哪些種類的智慧財產權保護？

（請沿虛線撕下）

答：

得　分

創新與智慧財產權管理
學後評量
第 4 章
商標法

班級：＿＿＿＿＿＿＿＿
學號：＿＿＿＿＿＿＿＿
姓名：＿＿＿＿＿＿＿＿

一、選擇題

(　) 1. 下列哪一項不是商標的三大作用？ 　 (A) 辨識作用 　 (B) 品質擔保作用 　 (C) 廣告促銷作用 　 (D) 炫耀作用。

(　) 2. 請問麥當勞 M 圖形可申請哪一種商標種類？ 　 (A) 商標權（商品與服務） 　 (B) 團體標章 　 (C) 證明標章 　 (D) 團體商標。

(　) 3. 根據 Interbrand.com 2021 公布，下列哪一個是全球品牌價值最高的商標？ 　 (A) Apple 　 (B) BMW 　 (C) Amazon 　 (D) Samsung。

(　) 4. 請問知名地標「高跟鞋教堂」是何種型態的非傳統商標？ 　 (A) 文字 　 (B) 圖形 (C) 立體形狀 　 (D) 全像圖。

(　) 5. 商標權期間為 10 年，期間內（屆滿前 6 個月）申請展延最長為多少年？ 　 (A) 5 年 　 (B) 10 年 　 (C) 15 年 　 (D) 20 年。

二、問答題

1. 為什麼他們可以叫一樣的名字卻相安無事？

答：

得 分

創新與智慧財產權管理
學後評量
第 5 章
著作權法

班級：_____
學號：_____
姓名：_____

一、選擇題

(　) 1. 下列哪一項智慧財產權是在創作完成即獲得保護？ (A) 商標 (B) 著作權 (C) 專利 (D) 營業秘密。

(　) 2. 下哪一項不包括在著作人格權所包括的三種權利之一？ (A) 公開發表權 (B) 姓名表示權 (C) 禁止不當改變權 (D) 讓與授權。

(　) 3. 下列哪一項是對於著作權保護的重要規定？ (A) 伯恩公約（Berne Convention） (B)TRIP (C)WCT（WIPO Copyright Treaty） (D) 以上皆是。

(　) 4. 關於著作財產權的存續時間，絕大多數國家對於一般著作人是到其死亡後多少年？ (A)10 年 (B)20 年 (C)50 年 (D)100 年。

(　) 5. 下列哪些不得為著作權之標的？ (A) 憲法 (B) 國家考試考題 (C) 政府公文 (D) 以上皆是。

二、問答題

1. 色情漫畫或 AV 影音光碟是否適用著作權之保護？

答：

2. 王大明受雇於中華公司從事翻譯英文文學著作，其於任職期間所完成之翻譯著作之權利，依據我國著作權法之規定，應由何人取得？

答：

（請沿虛線撕下）

得　分

創新與智慧財產權管理
學後評量
第 6 章
營業秘密法

班級：＿＿＿＿＿＿
學號：＿＿＿＿＿＿
姓名：＿＿＿＿＿＿

一、選擇題

（　　）1. 關於營業秘密，下列何者為非？　(A) 保存期間為 20 年　(B) 不需要註冊登記　(C) 為智慧財產權種類之一　(D) 有民事與刑事罰則。

（　　）2. 下列哪一項是營業秘密的三大特徵要件？　(A) 秘密性　(B) 經濟性　(C) 合理保密措施　(D) 以上皆是。

（　　）3. 下列哪一項是取得營業秘密的不正當方法？　(A) 竊盜　(B) 詐欺　(C) 擅自重製　(D) 以上皆是。

（　　）4. 非職務上研發出的營業秘密歸何人所有？　(A) 受雇人　(B) 雇用人　(C) 共同所有　(D) 第三方單位。

（　　）5. 常見的書面保密切結書之不揭露協定，簡稱為？　(A) NA　(B) DNA　(C) NDA　(D) CDA。

二、問答題

1. 大雄公司購入競爭對手小叮噹公司之最新產品後，以逆向還原工程（reverse engineering）該產品之成分、設計及結構比例，並依此開發出更進階之產品。大雄公司之行為是否構成營業秘密侵害？

答：

2. 試討論員工離職的「競業禁止協定」與「勞動基準法」所保障的工作權，如何簽署才算合法有效？

答：

得　分

創新與智慧財產權管理
學後評量
第 7 章
專利法

班級：＿＿＿＿＿＿＿
學號：＿＿＿＿＿＿＿
姓名：＿＿＿＿＿＿＿

一、選擇題

(　　) 1. 下列哪一項不是專利的三大要件？　(A) 新穎性　(B) 非顯而易知性（進步性）(C) 實用性（產業利用性）　(D) 揭露性。

(　　) 2. 下列哪一項不是中華民國專利類型之一？　(A) 發明專利　(B) 新型專利　(C) 設計專利　(D) 植物專利。

(　　) 3. 中華民國的發明專利保護年限為申請日算起多少年？　(A) 20 年　(B) 10 年　(C) 15 年　(D) 50 年。

(　　) 4. 在一定時間內保護專利申請人在努力為他的發明獲取國際保護時的利益，從而減輕專利法律的地域性帶來的負面結果，稱之為？　(A) 領先權　(B) 優先權　(C) 排他權　(D) 獨占權。

(　　) 5. 下列哪一項專利之侵害與救濟可以主張之權利？　(A) 禁止侵害請求權　(B) 銷毀請求權　(C) 回復名譽請求權　(D) 以上皆是。

二、問答題

1. 試到臺灣、中國大陸、美國和歐洲等專利局的官方網站，找出申請專利時所需的相關書面資料格式，並加以深入了解。

答：

2. 試探討判斷專利侵害的三大原則：均等論原則、全要件原則與禁反言原則的差異。

答：

（請沿虛線撕下）

創新與智慧財產權管理
學後評量
第 8 章
植物品種及種苗法與積體電路電路布局保護法

一、選擇題

(　　) 1. 植物品種及種苗保護法在中央的主管機關為何？　(A) 經濟部　(B) 科技部　(C) 農委會　(D) 教育部。

(　　) 2. 積體電路電路布局保護法在中央的主管機關為何？　(A) 經濟部　(B) 科技部　(C) 農委會　(D) 教育部。

(　　) 3. 全世界規模第一大專業晶圓代工公司為何？　(A) 聯電　(B) 台積電　(C) 英特爾　(D) 三星電子。

(　　) 4. 陳姓工程師設計完成通訊系統電路圖，試問該電路圖應受到何種智慧財產權保護？　(A) 營業秘密法　(B) 著作權法　(C) 專利法　(D) 積體電路電路布局保護法。

(　　) 5. 下列哪一項是積體電路電路布局保護法所保護之電路布局權，應具備之要件之一？　(A) 原創性　(B) 非明顯易知　(C) 須經登記　(D) 以上皆是。

二、問答題

1. 根據積體電路電路布局保護法第 30 條第 2 款規定，所謂侵害行為所得之利益，係指侵害人因侵害所得之毛利，扣除實施侵害行為所需之成本及必要費用後，所獲得之淨利而言。假如中華公司為第五代行動晶片之電路布局權人，清華公司未經中華公司同意，實施該電路布局製造侵權物品 10,000 件，其支出成本及費用合計新臺幣 1,000 萬元，並售出侵權物品計 2,000 件，得款 2,000 萬，依據比例計算 2,000 件之成本及費用為 200 萬，請問清華公司應賠償多少錢給中華公司？

答：

得　分

創新與智慧財產權管理
學後評量
第 9 章
企業智財權保護與加值

班級：_____
學號：_____
姓名：_____

一、選擇題

(　　) 1. 根據 Brand Finance 在 2021 年發佈的「全球企業無形資產排行榜」報告中？下列哪一家公司的無形資產排名全球第一？　(A)Microsoft　(B)Meta（Facebook）(C)Apple　(D)Alphabet（Google）。

(　　) 2. 下列何者是常見的技術價值的評估方法？　(A) 市場法　(B) 成本法　(C) 收益法 (D) 以上皆是。

(　　) 3. 一個特別形式的契約或協議，一方承諾將會對他方的作為或償付做出相應回報的作為或償付稱之為？　(A) 讓與　(B) 授權　(C) 再授權　(D) 策略合作。

(　　) 4. 下列哪一項是智慧財產加值中成功的技轉關鍵因素？　(A) 積極的技轉政策　(B) 高階主管的支持　(C) 具經驗的技轉專業人才　(D) 以上皆是。

(　　) 5. 市場上相同或類似的資產交易歷史價格，經過比較及分析來推算資產價格的方法，其係經由一種替代原則，採用類比的概念來評估資產，為何種技術價值評估方法？　(A) 成本法　(B) 市場法　(C) 收益法　(D) 估算法。

二、問答題

1. 試說明實務上，影響技術移轉授權的關鍵成功因素可能包括哪些？

答：

一、選擇題

( ) 1. 將構想、創意、創新及新發現轉化成為有市場價值的產品或服務稱之為？　(A) 技術創新化　(B) 技術商品化　(C) 技術加值化　(D) 技術市場化。

( ) 2. 技術概念應用制定階段（Technology concept / application formulated）是屬於技術成熟度（Technology Readiness Level）的哪一個等級？　(A) TRL 1　(B) TRL 2　(C) TRL 3　(D) TRL 4。

( ) 3. 下列哪一項包括在技術整合與背景調查的評估事項？　(A) 技術差異化　(B) 技術的完整性　(C) 技術的被替代性　(D) 以上皆是。

( ) 4. 對智慧財產權或技術 know-how 進行清點及可專利性評估稱之為？　(A) 智權調查（IPD）　(B) 技術調查（TD）　(C) 盡責調查（DD）　(D) 以上皆是。

( ) 5. 根據余序江教授（Oliver Yu）技術衡量指標的六大構面，不包括哪一項？　(A) 商品化價值　(B) 商品化時程　(C) 機會　(D) 技術定位。

二、問答題

1. 試找出任一項具潛力之研發成果，並探討如何進行技術商業化及事業化發展？

答：